社会に良い

ユニク

柳井正に学

サステナビリティ

Turn the Power of Clothing
Into a Force for Good

ことをする

北沢みさ
著

プレジデント社

はじめに

　私がユニクロの柳井正社長と初めて会ったのは、1999年5月のゴールデンウィーク中だった。場所は山口県山口市の山の中にあるユニクロ本社の社長室だ。

　その頃、ジーンズで日本一になりたいと考えていたユニクロの柳井社長に、国内№1ジーンズメーカーで8年間マーケティングを経験した私が紹介された。私はジーンズを売るための様々な施策を提案したが、最後に、「ユニクロのジーンズの価値を上げるためには、ユニクロを店の名前ではなく、ブランドの名前にすることが一番大事だと思います」と伝えた。つまり、ユニクロのブランディングを始めましょう、ということだ。

　当時の「ユニクロ」は、まだブランドではなかった。ジーンズやTシャツ、スウェットシャツなど他社ブランドの商品を仕入れて販売している、地方のカジュアルウェア販売チェーン店の一つで、全国的な認知度は10%もない。東京在住の私の友人は、一人もユニクロという名前を知らなかった。一部の商品に「UNIQLO」というブランドネームをつけ始め、ちょうどこれからSPA（製造小売業）としてブランディングしていこう、というタイミングだったのだ。

　柳井社長と会った翌月、6月1日に私はユニクロに入社した。直属の上司は、私より半年ほど早く入社しており、後にファーストリテイリングの代表取締役社長兼COOとなる玉塚元一氏だった。

　入社前から「ユニクロ　PRマネージャー」の名刺を作ってもら

い、東京で既知のファッション誌編集長やスタイリストたちに挨拶して回った。当時はまだ東京にオフィスがなかったので、東京・原宿にあったユニクロ店舗の5階の倉庫をショールームに改装してもらい、そこを活動の拠点としながら、入社後は毎週、山口県の本社とを行き来した。

　月曜・火曜は、本社で営業部やMD（マーチャンダイジング）部との会議。水曜・木曜・金曜は、東京でメディア各社、広告代理店、クリエイティブハウスを回りながら、夥しい数の取材に対応していた。

　7月に初めて新聞広告を掲載し、それを皮切りにユニクロのブランディングキャンペーンが始まった。その広告は、米国のクリエイティブハウス、ワイデン＆ケネディ社によるもので、15段（1ページ全面）文字だけの斬新なクリエイティブだった。「ユニクロはなぜ、2900円でジーンズを販売できるのか」というメインコピーから、「自分たちは何者で、どこから来て、何を目指しているのか」を宣言したものだ。いまでは文字だけの広告も珍しくなくなり、商品ではなく企業の存在意義にフォーカスしたパーパス広告なども増えてきたが、その当時の日本の広告業界に対しては、少なからず衝撃を与えたはずだ。何しろいまから25年前のことである。

　そして10月からフリースのTVCMがオンエア開始され、空前のユニクロブームが始まった。

　その年1999年8月末の決算で、ユニクロの売上は初めて10

00億円を超えた。翌2000年10月にはECサイトをローンチし、それを記念して50色ものフリースジャケットを作って発売した。売上は前年の2倍の2200億円となり、ブームはさらに加速して、翌2001年には4200億円と、倍々で売上を伸ばしていった。その後、ブームの反動でユニクロ離れがあったり、海外進出がうまくいかなかったりしながらも、ユニクロは急成長を続けた。

　誰も知らない地方のカジュアルチェーン店から、国民的ブランドとなり、いまでは世界中25の国と地域で展開するグローバルブランドとなった。2023年8月期の売上は、2兆7000億円を超え、2024年の8月期にはいよいよ3兆円を超えるであろうという見通しを発表した。1999年からブランディングを始め、わずか25年間で売上1100億円から3兆円へ、27倍に成長したのである。

　値段が安いのに品質がしっかりしている、シンプルだからトレンドに左右されない、広告に起用するキャスティングがうまい……ヒットの理由はたくさんある。他にも同様のアパレルブランドはあるだろう。しかし、25年間このスピードで成長し続けているアパレルブランドは他にはない。

　私は、ユニクロの驚異的な成長を支え、他との決定的なプレゼンスの差を生み出している理由は、創業当初から柳井正社長が抱いていた「社会に良いことをする」という志にあると思っている。人々の共感を得続けなければ、成長を続けることはできない。

　服を作って売ることを通して、社会に良いことをしようと考

えた創業者柳井正社長の志が、従業員にも外部パートナーにも伝播し、その共感が製品にも店舗にもサービスにも表れている。それが日本でも世界でも、人々の間に、新たな共感を広げているのだと思う。

　本書は、この成長と表裏一体となっている、25年間のユニクロのサステナビリティへの取り組みをまとめたものだ。おそらくユニクロにとっても、このようにサステナビリティ活動をまとめたものはなかったのではないだろうか。
　ユニクロの人気商品を取り上げる記事や、憶測で勝手に語られる「ユニクロ論」は世の中にあふれているが、本書はすべて関係者へのインタビュー取材に基づいて書いている。インタビューに応じてくれた人は、実に30人以上に上る。柳井社長の考えをもとに、そこに共感した人たちが、自ら考え、悩みながら、新たな価値を生み出していく過程が、当事者の言葉を通してヴィヴィッドに語られている。この本を読んでくれた人にとって、それらが小さな気づきとなり、これからの世界をつくっていくうえでまた新たな共感が広がっていくことを願う。

Contents

ACTION 04 | **Athletes**
世界のトップアスリートと取り組む次世代育成

ACTION 05 | **Refugees**
「難民問題は社会的な人材の損失」
22年にわたる難民支援

ACTION 06 | **Disaster**
マニュアルのない災害支援

ACTION 07 | **Products**
世の中を良くするために、商品を通してできること

ACTION 08 | Diversity
障がい者の雇用と女性活躍の推進から始まったダイバーシティ

ACTION 09 | Tadashi Yanai
柳井正社長からのメッセージ「世界はまだまだ可能性に満ちている」

・株式会社ファーストリテイリングは、カジュアル衣料ブランド「ユニクロ」を展開する株式会社ユニクロを傘下にもつ持株会社です。

・本書の本文は、2023年に行った取材に基づいています。

・本書に登場する人物の所属・役職は2023年8月末時点のものです。

・柳井正氏は、株式会社ファーストリテイリングの代表取締役会長兼社長であり、株式会社ユニクロの代表取締役会長（2023年9月1日より）ですが、本書では「柳井正社長」「柳井社長」と表記しています。

社会に良いことをする
ユニクロ柳井正に学ぶサステナビリティ

ACTION
01

Kashiwa Sato

クリエイティブディレクター・佐藤可士和氏(以下、佐藤氏)とユニクロとの関係は深く、そして長い。佐藤氏が、ローマ字表記とカタカナ表記を併記した現在のユニクロのロゴマークをデザインしたということは、一般的にも知られているが、それだけでなく、実はもっとずっと深い関わり方をしてきている。たとえば、ユニクロのサステナビリティへの取り組みの指針となる「サステナビリティステートメント」を策定したのも佐藤氏だ。クリエイターと企業との深い関係性を紐解くと同時に、サステナビリティ活動に一本の芯を通すために、指針を持つことの重要性を考えていく。

Chapter 01

経営者とクリエイターとの
禅問答から生まれたもの

ユニクロと佐藤可士和氏との出会い

　クリエイティブディレクター・佐藤可士和氏とユニクロとの
関係は、2006年ユニクロがニューヨークの SOHO にグローバ
ル旗艦店をオープンさせる際に、佐藤氏にグローバルブランド
戦略のクリエイティブディレクションを依頼したことから始ま
る。当時、携帯電話のデザインで注目されていた佐藤氏をテレ
ビ番組で見たファーストリテイリングの柳井正会長兼社長(以下、
柳井社長)が、「この人に会いたい！　この人を呼んでください！」
と言ったというのは有名なエピソードである。

　以来17年間、佐藤氏と柳井社長は毎週のように対面し「新し
い服とは」「店とは」「デザインとは」といった、まるで禅問答の
ような会話を続けている。

クリエイティブディレクター・佐藤可士和氏

海外のユニクロ旗艦店舗(ニューヨークSOHO店〈左上〉、ロンドン311オックスフォードストリート店〈右上〉、
パリ オペラ店〈左下〉、NY5番街店〈右下〉)

17年間で変化した、店に求められること

　佐藤氏は店をブランド発信のメディアと捉え直し、2006年以来、ユニクロの海外のグローバル旗艦店を「全世界に向けたショーケース」としてデザイン。それをニューヨーク、ロンドン、パリ、上海などへと展開してきた。

　「一番はじめの『ニューヨーク SOHO店』はもちろんグローバルにおけるブランド戦略なので、社会の中でブランドの存在を際立たせることが目的でした。でもこの17年でユニクロ自体もすごく大きく成長したし、もっと利他的なことが社会から求められるようになってきた。もちろん環境のこともありますが、その店が地域にとってどういう意味合いを持つかということを意識するようになったんです。店が服を買うためだけの場では

なくて、もっと複合的な役割を持っていかないとブランドとして社会に広く受け入れられないんじゃないか、と考えるようになっていきました」(佐藤氏)

2020年、日本でチャレンジした新フォーマットの店舗

　社会から受け入れられ支持され続けるために、どんなブランドになって、どんな店を作っていくべきなのか。その答えを模索しながらも、確実な手応えがあったのは、2020年春に日本で3店舗の新店をオープンしたことだという。

　まず4月の「UNIQLO PARK横浜ベイサイド店」(神奈川県横浜市：売り場面積660坪)では、ファミリー層の多い商圏に合わせて店舗の周りや屋上を誰でも入れる公園にした。店舗の外側全体にすべり台、ボルダリングやクライミングなどを配し、子供たちが自由に遊べるようになっている。屋上のジャングルジムからは東京湾を一望できる。それまでユニクロの店舗はあくまで買い物をする場所であって、いかに商品を見やすく、選びやすく、買いやすくするかということに注力されてきた。しかし、UNIQLO PARK横浜ベイサイド店は初めて、「人が集う場所を

UNIQLO PARK横浜ベイサイド店外観

作る」ということにチャレンジした。

　そして、この店舗で初めて、ユニクロは花を販売し始める。

　「店は買い物する場所」から「店は買い物しなくても、人が集まれる場所」であるというこのフォーマットに手応えを感じながら、ユニクロは2020年6月に「ユニクロ原宿店」（東京都渋谷区：同600坪）、そして銀座の「UNIQLO TOKYO」（東京都中央区：同1500坪）をオープンさせる。

　原宿店ではポップカルチャーの発信基地として若者が集まるよう、多くのブランド・アーティストとの協業コーナーを作った。UNIQLO TOKYOではコーヒースタンドを作り、地元・銀座にある老舗喫茶店のスイーツも提供している。

2023年に生まれた最新形ユニクロ　前橋南インター店

　そして、2023年4月にオープンした最新形のユニクロが、前橋南インター店（群馬県前橋市：売り場面積750坪）である。地域に開かれた店を目指して、店舗デザインは全面をガラス張りにした。店の前には芝生のガーデンがあり、今後様々なイベントが予定されている。店内には子供たちが遊べるコーナーや、地元で人気のスイーツを提供するカフェコーナーのほか、高崎名物

左から、高崎だるまのディスプレイ、キッズコーナー、カフェコーナー、フラワーコーナー

ユニクロ前橋南インター店外観

のだるまがディスプレイされていたり、地元企業とのコラボT
シャツが作れるコーナーもある。見ているだけで楽しい道の駅
のような雰囲気だ。

ロゴはエンターテインメントのコンテンツ

　もう一つ、前橋南インター店で目を引くのは、店舗の四隅に
巨大な立体ロゴを配した斬新なデザインだ。
　2021年に国立新美術館で開催された「佐藤可士和展」。中でも

2021年に国立新美術館で開催された「佐藤可士和展」

印象深かったのは、これ
まで佐藤氏がデザインし
てきた企業ロゴを3m超
のサイズに巨大化して展
示したコーナーだ。この
展示を通して、佐藤氏は
あることに気づかされた
という。

UNIQLO NEW STORE

佐藤可士和氏の手書きのラフスケッチ

「これは僕も予想外だったのですが、企業の巨大ロゴと一緒に写真を撮ってくださっている方がものすごく多かったんです。皆様とても楽しそうに写真を撮って、SNSに上げていました。一つのブランドのロゴもスケールを超えてプレゼンテーションの仕方を変えると、エンターテインメントのコンテンツになるんだなということを、『佐藤可士和展』を通して確信したんです」(佐藤氏)

そして、前橋南インター店では、7m四方の巨大なユニクロの立方体ロゴが生まれた。

プロジェクト初期の打ち合わせで佐藤氏がホワイトボードに描いた、手書きのラフスケッチが残されている。これを見ると、最終的に出来上がった店舗がはじめのスケッチそのままの形で完成していることに、あらためて驚かされる。

2006年にニューヨークSOHO店でデビューした新しいユニクロのロゴは、2020年UNIQLO TOKYOで3D表現となり、2023年に前橋南インター店で巨大化した。もしかしたら、佐藤氏は2006年当時から、こうなることを予測してロゴデザインを作ったのかとさえ思う。

佐藤氏は常々「ロゴとは、ブランドの理念が凝縮したものだ」と語っているが、「UNIQLO LOGO STORE」と銘打った前橋南インター店では、まさに巨大化したロゴそのものがランドマー

クであり、ブランドを発信するものとなっている。

2008年「サステナビリティステートメント」を策定

　一方、ロゴデザインや店舗デザインのように外に見えるワークの裏側で、2006～2009年の間に佐藤氏がユニクロで取り組んできたことがある。2006年にユニクロのロゴを刷新し、ファーストリテイリングのロゴとステートメントを作ったことに続き、2008年に「サステナビリティステートメント」を作ったことだ。それは、ファーストリテイリングが真のグローバル企業になっていくための準備でもあった。

　「2006年のニューヨークSOHO店オープンのすぐ後に、柳井社長から言われました。『海外展開を本格化していくうえで、自分たちが何者か、その理念に答えられるように可視化しておかなければいけない』と。しかも、あなたたちは何をしている

服のチカラを、
社会のチカラに。

よい服をつくり、よい服を売ることで、
世界をよい方向へ変えていくことができる。
私たちは、そう信じています。
よい服とは、シンプルで、上質で、長く使える性能を持ち、
あらゆる人の暮らしを豊かにできる服。
自然との共生を考え、
つくられる過程で革新的な技術を使い、
地球に余計な負荷をかけない服。
健康と安全と人権がきちんと守られた環境で、
いきいきと働く多様な人々の手でつくり届けられる服。
そして、よりよい社会を願うお客様と共に活動し、
地域との共存共栄を目指していく。
私たちは、服のビジネスを通して、
社会の持続的な発展に寄与できるよう、
新たな基準をつくり、
不断の努力をもって進めていくことを約束します。

2008年に策定されたユニクロCSRステートメント（現・サステナビリティステートメント）

会社か？と聞かれて、こういう商売をしています、ではなく、こういう社会貢献をしています、と答えられるようにしておかなければいけない。それで、2008年、コピーライターの前田知巳さんと一緒にCSRステートメント（現・サステナビリティステートメント）を作りました。サステナビリティのCI（コーポレート・アイデンティティ）化を始めたわけです。やはりユニクロのパワーを最大化できること、服の力で社会に貢献していこうということで、ユニクロが2001年から続けてきた様々な活動を整理して、これからの指針として整えました。商品広告のキャンペーンではないので、あまり世の中には出ていないものですが」

「それからだいぶ経て、国連でSDGsが採択されてからは、世の中でも急速にサステナビリティとかSDGsが意識され始めました。実際、そこから慌てて何をすればいいのか？と考え始めた企業も少なくないと思います。でもユニクロはすでにコンセプトや活動指針ができていて、それに沿ってずっと活動してきていたので、慌てることはまったくありませんでした。淡々と、これまで通りに自分たちの事業に邁進していると思います。その姿勢はコロナ禍でも変わりませんでした。あのとき、まだ早いかなと思ったけれど、ステートメントを作っておいて本当によかったと思いますし、いま見てもまったくズレていないのです」(佐藤氏)

国連サミットで「2030年までに持続可能でよりよい世界を目指す国際目標」、いわゆるSDGsが採択されたのが2015年だから、その7年も前にユニクロと佐藤氏の間で自社のサステナビリティ指針を作っていたことになる。

類まれなる経営者と天才的クリエイターは、いまも禅問答を繰り返しながら、世界や時代のずっと先を走っている。

Chapter 02

ユニクロはなぜ、
店頭で花を売り始めたのか?

ユニクロが花を売る?

　ユニクロが花を売っているということを知っている人はまだ少ない。先日もテレビのバラエティ番組で、ある経済評論家の「たとえばいまユニクロでも花を売っていますが……」という発言に、スタジオにいたタレント全員が「え? ユニクロが花ですか?」「知ってた? 私知らなかった」などと驚いていた。

　ユニクロは2020年春に、日本で3つのグローバル旗艦店や大

ユニクロ前橋南インター店のフラワーコーナー

型店をオープンさせた。花の販売はこのタイミングからスタートし、ちょうど3年が経過したところだ。花の保管・管理をするバックルームも含めて、ある程度のスペースを確保できないと花の陳列もできないので、どこの店舗でも販売できるわけではないが、それでも現在全国の21店舗(2024年1月時点)のユニクロにフラワーコーナーがある。

コロナ禍の中でも街に必要な店とは

2020年春といえば、コロナ禍1年目で世界中が未知の疫病に恐れおののいている最中である。そんな中、ユニクロは相次いで3店舗の新店をオープン。しかも4月の「UNIQLO PARK 横浜ベイサイド店」(神奈川県横浜市)は売り場面積660坪、同6月の「ユニクロ原宿店」(東京都渋谷区)は同600坪、そして銀座の「UNIQLO TOKYO」(東京都中央区)は実に同1500坪という規模なのである。そんな巨大店舗を立て続けにオープンさせることに、葛藤はなかったのだろうか。

「もちろん、その判断はものすごく難しいことでした。2020年のオリンピックイヤーを目指して相当な時間と労力をかけて準備してきたのに、オープン直前にコロナ禍になってしまった。誰も歩いていない原宿や銀座にこんな巨大な店をオープンさせるべきなのか、僕自身にも不安があったし、柳井社長とも何度も何度も話し合いました。でも同時に、すごく気持ちが塞いでいて、日本中に閉塞感があったので、ユニクロとして社会に何を提供できるのか、少しでも皆様にホッとしていただけるようなことを提供できればということを、毎日話し合っていました」（佐藤氏）

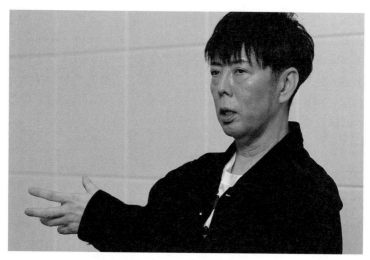
クリエイティブディレクター・佐藤可士和氏

　「そんなとき、柳井社長が『花を売ろう』と言い出されました。それも大げさな花束ではなくて、ユニクロらしい値段で、誰もが好きな花を気軽にパッと買って帰れるような、そんなサービスを街に提供しよう、と。もちろん、はじめに聞いたときは、えっ？　花ですか？と思いました。でも、よくよく考えていくと、何年か前に『LifeWear』というコンセプトも作っていましたから、花もユニクロの服と同じく、人々の生活を豊かにしてくれるものだな、と納得できました。結果的に、店舗に花を置くのはとてもいい効果があったと思っています」（佐藤氏）
　実は、いまのUNIQLO TOKYOに改装する前の「マロニエゲート」でも、その前にあった「プランタン銀座」でも、同じ場所に花屋があった。裏通りに面したエントランスの外側にあふれる花々は、道行く人の目を楽しませていた。
　「そうなんです。街を歩いていて、この辺にこんな店があっ

たとか、花屋があっていい香りがしたといった、街の記憶みたいなものってありますよね。そういうことも大切にしたいと思いました。だからUNIQLO TOKYOでも、あえて同じ場所にフラワーコーナーを作ったんです」(佐藤氏)

コロナ禍で店頭から声が消えた

　柳井社長が「花を売ろう」と言った背景には、もう一つ、コロナの感染拡大防止の観点から、店内でスタッフによるお客様への声がけがしにくくなったことも関係する。

　かつてのユニクロの店舗では、常にスタッフの「いらっしゃいませ」「ありがとうございました」という声が飛び交っていた。それが、コロナ禍ですっかり聞こえなくなっていたのだ。常日頃から店舗巡回をしている柳井社長は、そのことをとても寂しく感じ、何かスタッフの挨拶に代わってお客様を歓迎したり、お見送りするようなものがないかと考えていたという。その解決策の一つが、花だったというわけだ。

ソックスの売り方で花を売る

　とはいえ、ユニクロが花を販売するのは2020年4月オープンのUNIQLO PARK横浜ベイサイド店がはじめで、社内のどの部署にも経験がない。そのため店舗の設計を担当した店舗開発チームも、他部署と一緒に花の売り方から考えることになった。

　「花の売り方も陳列の仕方も、社内に何もノウハウもないわけです。誰も売った経験がないから、どんな什器が必要なのか、フェイシングはどうするのか、そもそも保管や管理はどうしたらいいのか……。試行錯誤の連続でした」と語るのは、出店開

高木肇子シニアマネージャー

発部店舗設計施工チームの髙木肇子シニアマネージャーだ。

　髙木氏が入社したのは2012年。ドバイで設計の仕事に従事していたときに旅行先のニューヨークでユニクロSOHO店を訪れた際、機能的な商品が美しく陳列された店舗プレゼンテーションを見て、あらためて日本人であることに誇りを持ったことが入社のきっかけだという。

　以来、技術者として常に店舗スタッフの話を聞き、店頭でどういうことをやろうとしているのかを考えて設計してきた。しかし、今回は聞く相手がいない。

　「でも、ようやく『これはユニクロのソックスと同じなんだ』ということに気づきました。1つ390円、3つで990円。お客様は、これはいくらだろうとかあれこれ考える必要なく、どれでも好きなものを3つ選んでいただけばいい。とにかく簡単に選びやすく、手に取りやすく陳列しました。花を入れて持ち帰る袋に

はあらかじめ水を入れてありますから、そのままレジに持って
いって、持ち帰っていただけます」(髙木氏)

　花を扱うにあたり、花の管理をするバックルームにも工夫し
た。花のために温度管理するのはもちろん、スタッフの作業し
やすさを考えて排水用シンクの高さも調整した。いまも時々設
計チームのメンバーが自ら店頭に立って花の販売をしながら、
什器や陳列方法、動線や設備を修正している。

　柳井社長から「花を売ろう」と言われたとき、社内の誰もが「ま
さか」と思ったに違いない。しかし「できるかどうか」ではなく、
「やるにはどうしたらいいか」を考えて、一気に全員が動き出す
のがユニクロの社風なのだろう。花を売るというプランはすぐ
さま取締役会を通過し、定款も書き換えた。こうして生まれた
ユニクロの店舗の一角にある花売り場は、いまでは街の風景の
一部となっている。

ACTION
02
History

服屋だからこそできること
サステナビリティ活動22年間の歩みと未来

ユニクロが1999年以来の「フリースブーム」で売上を倍々と伸ばす中、同時に
社会貢献活動を立ち上げていたことを知る人は少ない。その活動はその後も広
範にわたって発展し、いまやユニクロはサステナビリティ先進企業の一つとなって
いる。これまで25年間のサステナビリティ活動の歩みを振り返り、さらに現在ユニ
クロが目指している新たな事業モデルについて学んでいく。

THANK YOU

瀬戸内海に生息する
スナメリ

きれいな海と
自然を守る募金活動に
ご協力お願いします。

70円で1kgのごみを回収できます。（環境省調べ）

募金は瀬戸内海の海ごみを減らす活動等に使われます。

認定NPO法人 瀬戸内オリーブ基金 Setouchi Olive Foundation

Let's end the ocean plastic crisis together. Your donation will go toward preserving Seto inland sea's ecosystems. Every 70 yen you donate helps remove 1kg of trash from the ocean.

UNIQLO Sustainability

ユニクロ UNIQLO

LifeWear

20SS_90_DB_114738

Chapter 01

2001年フリースブームの裏で
発足していた社会貢献室

社会貢献室は初めてのことだらけ

　ファーストリテイリング 広報部部長でサステナビリティを担当するシェルバ英子氏がユニクロに入社したのは、2001年7月。それまでは米国カジュアルチェーンの原宿店で働いていた。当時、自分の店で7900円で販売していたフリースジャケットの売れ行きが止まり、同じ原宿にある「ユニクロ」というブランドの1900円のフリースジャケットが爆発的に売れていることを知った。

　ユニクロに入社して間もなく、現在のサステナビリティ部の前身である社会貢献室が発足し、シェルバ氏はそこに配属された。

　1999年から2000年にかけてフリースブームが起きている一方で、柳井正会長兼社長はある焦燥感に駆られていたという。創業当初から「会社は社

ファーストリテイリング 広報部部長 シェルバ英子氏

会のためにある」と考えていた柳井社長は、売上が上がれば上がるほど、「儲けっぱなしではダメだ。早く利益を社会に還元できる企業にならなければ」という思いを強くしていった。

そして、2001年に立ち上げた組織が社会貢献室だ。

当時のユニクロは、売上が1999年の1100億円から毎年倍々で増え、2001年には4200億円になっていた。しかし、本部社員は200人ほどで、組織の役割が細分化されていない、ベンチャー企業のような雰囲気があった。社会貢献室も2〜3人からのスタートだった。

「社会貢献室といっても、自分も初めての経験ですし、そもそも会社としても初めて作った組織なので、何をしたらいいのか、本当にわからないことだらけでした。でも会社もいまほど大きくありませんでしたから、柳井社長と一緒に何をすべきか考えることができたのは、いま思うと恵まれていました」(シェルバ氏)

柳井社長との決め事は「服屋だからこそできること」

何から始めていったらいいのかわからないながらも、柳井社長との話し合いの中で、だんだんとフォーカスされていったのは、自分たちの強みである「服屋だからこそできること」「店舗があるからこそできること」。その結果、まず活動の3本柱となったのが、「瀬戸内オリーブ基金」「障がい者雇用」「緊急支援」だった。

「建築家の安藤忠雄氏が呼びかけ人である瀬戸内オリーブ基金に賛同し、ユニクロの店頭に募金箱を置いたり、各店舗に障がい者の方を採用したり、2001年のアフガン侵攻からパキスタン国境付近に避難したアフガニスタン難民に、防寒着を寄贈

左：難民キャンプでの衣料配布の様子、右：フリースリサイクルを呼びかけるポスター

しに行きました。もう一つ、2001年からフリースのリサイクルをスタートして、これがいまの全商品リサイクルの取り組みにつながっています。当時から私たちはたくさんのフリースを世の中に流通させていましたから、ゆくゆくは着古されたものが一定量出てくるだろうということで、フリースに着目したリサイクル活動を始めました。その頃アパレルでこうしたリサイクル活動をやろうという会社もほとんどなかったので、業界としてはかなり早い取り組みだったと思います」(シェルバ氏)

2005年、事業のグローバル化にともないCSR部に改組

　2005年に、社会貢献室はCSR部に改組する。ちょうどユニクロの出店がグローバル化を加速していく時期で、もともとの社会貢献の3本柱と、新たにサプライチェーンにおける人権問題や労働環境の課題を解決することがミッションとなった。

当時、すでに一部のグローバルSPA（製造小売り）企業が「スウェットショップ（安価な商品を作るため労働者を劣悪な環境で働かせる工場及び事業者）」と批判されるなど、アパレルの労働環境が問題視されていた。ファーストリテイリングはグローバルを意識する中、労働集約型の産業の課題に着手する必要性を感じ、2004年から取引先向けの「コードオブコンダクト（行動規範）」の制定と取引先工場の労働環境のモニタリングを始めている。

　「2005年から2006年にかけてニューヨークやパリの旗艦店の準備に向けて、柳井社長自身が海外各国の政財界の方々とお話しする機会が増えていく中で、『あなたたちは何者か？　この国に対して、世界に対してどんな良いことをしてくれるのか？』と問われる機会がすごく増えてきた。それで、世界に出ていくには、単に品質のいい服を安く売っていますということだけでは、企業として存在意義がないと痛感したそうなんです。そこで地球市民として社会課題を解決することが企業の役割の一つであるという考えに至り、単なる社会貢献活動がコーポレート・ソーシャル・レスポンシビリティ（CSR）という取り組みに広がっていきました」（シェルバ氏）

2008年、佐藤可士和氏とサステナビリティステートメントを策定

　そして、2008年に「CSRステートメント（現・サステナビリティステートメント）」を策定した（20ページ参照）。2006年に作ったファーストリテイリングのステートメントと同じく、クリエイティブディレクター佐藤可士和氏とコピーライター前田知巳氏のコンビによるものだ。

　「服が持つ力を最大限活用して社会を良くしていこうという、とてもシンプルなステートメントです。でも明文化したことで、

自分たちが2001年から手当たり次第にやってきたことが整理されましたし、これからの指針にもなり、迷いがなくなったように思います」(シェルバ氏)

　ステートメントとは、企業が「自分たちはこういう者です」ということを社会に対して表明するために作るものだが、同時に、中で働いている従業員にとっても自分たちのやっていることの意味を明確にしてくれる。

2016年、サステナビリティ部に発展

　その後、2015年9月の国連サミットでSDGs(2030年までに持続可能でよりよい世界を目指す国際目標)が制定され、環境に対する配慮がより求められていくようになった。それまで「社会貢献」「労働環境」には力を入れてきたが、さらに「環境問題」に対する取り組みにも活動を広げていく必要を感じ、CSR部をサステナビリティ部と改名。活動内容はより広がりを見せていく。

サステナビリティ活動は世界の動きと直結

　ちょうど佐藤可士和氏とCSRステートメントを作っている間、シェルバ氏自身も大きく進化するタイミングがあった。

　「夢中でやり始めた仕事なんですけれど、気づいたら、国連の方とも会えば、難民の方とも会うし、NPOの方たちとも会話するわけです。あらためて、自分自身がもっときちんと勉強しないといけないと思うようになりました。それで2007年から大学院に通って、非営利組織の経営を学び、社会デザイン学のMBAを取りました。3年かかってしまいましたけれど」(シェルバ氏)

国内外の出張も多い仕事を続けながら、平日のノー残業デーと土日を使っての勉強は、相当な努力を要したに違いない。しかしこの大学院で、シェルバ氏は同じような志を持つ仲間たちと出会うことができた。

　最も大きな出会いは、大学院の教授が、ノーベル平和賞受賞者であるムハマド・ユヌス氏を紹介してくれたことだ。

　それをきっかけに、ファーストリテイリングは2010年、ユヌス氏が創設したグラミン銀行グループとともに、バングラデシュでソーシャルビジネスを開始した。もともとバングラデシュは、ファーストリテイリンググループの重要な生産拠点の一つで、衣料品の製造を基幹産業として経済発展をとげている一方で、貧困や健康管理面の問題などを抱えていた。現地の課題解決に貢献するために、現地で生産した服を現地で販売し、その収益のすべてを事業に再投資するという共同事業だった。

　「サステナビリティの仕事は、常に世界の動きとともに変化しています。そして毎日、これが一体、世の中にとってどういう意味があるんだろうと考えさせられます。本来、すべての仕事において、そういう視点で臨むべきだと思います」（シェルバ氏）

　入社以来22年間、サステナビリティ領域一筋。ファーストリテイリングのサステナビリティ活動の歴史は、そのままシェルバ氏の社歴と重なっている。2001年、当初2〜3人で始まった「社会貢献室」は「サステナビリティ部」に名を変え、いまや世界中で100人を超える組織となった。こういう社員の一人ひとりが、企業の存在意義を作っているのだと思う。

Chapter 02

ユニクロが目指している
新たな事業モデルとは?

創業家がサステナビリティ活動にコミット

　柳井正会長兼社長の次男、柳井康治氏がファーストリテイリングに入社したのは2012年。入社直後に担当したのはスポーツマーケティングの領域で、ちょうどテニスのノバク・ジョコビッチ選手とアンバサダー契約(2012～2017年で満了)を結んだ直後だった。セルビア出身のジョコビッチ選手は、内戦中に空襲警報の鳴る中、テニスの練習をする子供時代を過ごし、社会貢

ファーストリテイリンググループ上席執行役員の柳井康治氏

献に対する意識が高いことでも知られている。ファーストリテイリングとの契約においても、「一緒に社会貢献活動をすること」が合意の決め手だったという。つまり、2012年当時すでに、海外でもユニクロが社会貢献活動に力を入れている企業であることは知られ始めていたことになる。

2020年より、柳井康治氏はマーケティング領域に加え、サステナビリティ領域も担当するようになった。ニューヨークに駐在している、柳井社長の長男で同じくファーストリテイリンググループ上席執行役員の柳井一海氏も、同じタイミングでサステナビリティ担当となっている。

「サステナビリティに対して、兄や私がコミットすることで、会社としての本気度が伝わるのではないかと思います」(柳井康治氏)という覚悟だ。

ファーストリテイリングの目指す新たな事業モデル図とは

2021年12月より、ファーストリテイリングは「長期的なサステナビリティ目標とアクションプラン」を発表し、その進捗を毎年報告している。

そこで発表したのが、「ファーストリテイリングの目指す新たな事業モデル図」だ。サステナビリティとビジネスの成長を両立するモデルを表すこの図は、その形状から、社内では「バタフライ図」と呼ばれている。

2つのループの中心に「お客様」があり、向かって左側は自社のサプライチェーンのループ、右側は循環型経済のループだ。

「これまでは、この左側のループを効率的に最適化させる、ということに注力してきました。いかに早く、いかに多くのお客様の声を聞いて、原料を調達し、それを商品企画に反映して

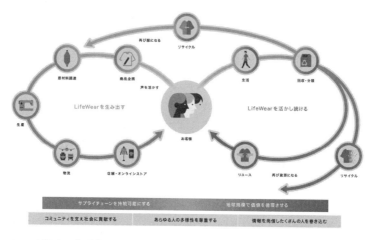

ファーストリテイリングの目指す新たな事業モデル図

いくか、それをまたいかに早くお客様にお届けできるか。しかし、流通させればさせるほど、それらの商品はその後どうなるのかという課題が出てきた。そこで、服に第二の人生を歩んでもらう右側のループを作っていこうと考えました」(柳井康治氏)

　ユニクロは、そもそもすぐに捨てられることのない、一日でも長く着られる服作りを目指している。同時に、着終わったユニクロの服を捨ててしまうのではなく店舗で回収し、まだまだ着られる服をもう一度必要な人に届ける、という活動にも取り組んできた。しかし、この2つのループをつなげ、循環するバタフライ図にしたことで、事業モデルとして全社でも再認識するようになったのだろう。

　「リサイクルには2つあり、服からまた服になる方法と、服から全然違う資材などに生まれ変わらせる方法です。服から服というのは、たとえばダウンジャケットを回収したら中のダウ

ンだけを選別して、新しいダウンジャケットに再利用し、リサイクルダウンとして新しい商品に生まれ変わり、左側のループに戻ってくる。そういったものを今後は増やしていきたいと考えています」(柳井康治氏)

最も難易度が高いのは何か

このバタフライ型の循環を成立させる中で、最も難しいのはどこなのか。

「まず左側にある自社のサプライチェーンのループで難しいのは、環境配慮型の素材や、リサイクル素材の使用割合を50%使っていくという目標[*]ですね。これは、技術的には可能なんです。ただし、それによって出来上がった服が本当にお客様にとっての幸せにつながっているかどうか、ということが大切です。環境配慮型の素材を使用することによって価格が高くなってし

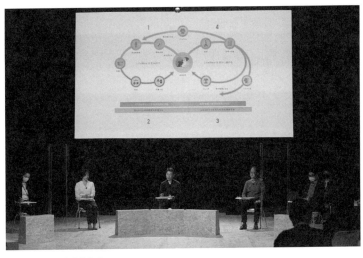

記者発表会での柳井康治氏

まったり、重くなったり、伸縮性がなくなったり、着心地が悪くなってしまったら意味がない。あくまでもお客様に満足していただける価格、品質、デザインをクリアしたうえで、環境に配慮した素材を50%の商品に採用していこうということですから。お客様に満足していただいて初めて目標達成なので、そういう意味では、この点が最も難易度が高いと思っています」(柳井康治氏)

※「長期的なサステナビリティ目標とアクションプラン」において、ファーストリテイリンググループ全体で、2030年度までに全使用素材の約50%をリサイクル素材などに切り替えることを目標として掲げている。

　「もう1つ、右側にあるリユース、リサイクルのループは、自分たちだけでは実現できなくて、技術的なパートナーが必要です。そのためには、我々がこういうことを考えてやっているよ、ということをもっと皆さんに知っていただくようにしないといけないと思っています」(柳井康治氏)

LifeWearとは、循環する服

　ユニクロは自社の作る服を、既存のファッションカテゴリーと区別して、独自に「LifeWear」という言葉で表現している。先ほどのバタフライ図では、向かって左側にある自社のサプライチェーンのループには「LifeWearを生み出す」、右側にあるリユース、リサイクルのループには「LifeWearを活かし続ける」と書かれている。

　「Life」と「Wear」という平易な言葉を組み合わせてあるが、もちろんこれは造語だ。ユニクロのホームページでは「LifeWearとは、あらゆる人の生活を、より豊かにするための服」と説明されているが、つまり、このように循環する服という意味もあ

るのだろう。単なるカジュアルウェアでもなければ、使い捨てのファストファッションなどではない、新しい循環の中で生み出される服。しかもこの循環は、服自体に耐久性が備わっていなければ成立しない。

ユニクロの服はもともとサステナブル

「もともとユニクロの服は長く着られる服、つまりサステナブルなんです。高品質で丈夫なだけでなく、翌シーズンも、その次の年も着られるベーシックでシンプルなデザインであることも、長く愛用していただける理由です。サステナビリティという言葉はありませんでしたが、フィロソフィとか思想のレベルではずいぶん昔からそういう考え方を持ち続けていました。たとえば創業当初は、コンセプトとして『ユニセックス／ノンエイジ』を掲げていましたが、これもいまの言葉で言ったらジェンダーレスやダイバーシティ＆インクルージョンということなんでしょうね」(柳井康治氏)

数年前から、ユニクロのテレビコマーシャルでも、この「Life Wear」という言葉を聞くようになった。そこに、「循環する服」という意味が込められていたことに気づくと、いままでとはまた違う意味で、ユニクロの服を着てみたいという気持ちになった。

Chapter 03

未来につながる
サステナビリティ店舗

ユニクロ初のサステナビリティ設計店舗とは

　2023年4月、北関東自動車道の前橋南インター近くに売り場面積750坪の巨大なユニクロ店舗がオープンした。トータルクリエイティブディレクション・デザイン監修は佐藤可士和氏、建築・サステナビリティデザインは竹中工務店が統括した。

　前橋南インター周辺は、群馬県だけでなく新潟県や埼玉県といった広い商圏からの集客を期待できる立地で、近隣にはすでに大型量販店のコストコやベイシアなどがあり、IKEAも2024年春のオープンに向けて建設中という一大ショッピングエリアである。しかしユニクロでは、この店舗は「商品を売ること」に加えて、実現したかったことがあるという。一つは地域に開か

ユニクロ前橋南インター店外観

れ、人が集まる場所になること。そしてもう一つは環境配慮へのチャレンジである。

ファーストリテイリングは2021年12月に、「長期的なサステナビリティ目標とアクションプラン」を発表した。その中で「2030年度までに、自社のオフィスや店舗で温室効果ガス排出量を2019年度比で90％削減する。まずは店舗設計の段階からエネルギー効率の高い店舗フォーマットを開発し、2023年度中にプロトタイプとなる店舗を出店する」と宣言している。つまり、この前橋南インター店こそが、サステナビリティ目標とアクションプランにおけるプロトタイプ店舗なのだ。

消費電力を55％削減する驚異の省エネ設計

店舗で消費される電気エネルギーのほとんどは、照明と空調によるものだ。前橋南インター店では、様々な省エネルギー技術を採用することで、まず店舗における消費電力を、従来の店舗より40％削減することになる。さらに屋上の太陽光パネルによる発電で消費電力の15％を賄い、合計すると、従来の店舗に比べて、理論上55％の消費電力を削減できるという。これは驚くべき数字だ。

※同じ群馬県内にある「ユニクロ富岡店」（2018年10月オープン）が「ユニクロ前橋南インター店」と同面積と想定した場合の比較

この店舗は、国土交通省のガイドラインに基づく第三者認証の「BELS（Building-Housing Energy-efficiency Labeling System）」で最高ランクの星5つを取得した。また、国が定める建築物エネルギー消費性能表示制度（Building Energy Index）において、店舗の設計一次エネルギー消費量を67％削減可能と認められた。さらにZEB Ready（再生可能エネルギーを除き、年間の基準一次エネル

ギー消費量から50％以上の一次エネルギー消費量削減に適合した建造物）の認定もすでに受けている。

ロードサイド店を進化させるという課題

「都心部には新しい店舗もできている一方で、地方のロードサイド店舗をどのように進化させていくべきかということは長年の課題でした。そこで、今回はサステナブル設計にチャレンジしました。これまでのロードサイド店舗は、設備に関してもできるだけローコストで作っていますが、それだとランニングのエネルギーコストはかかってしまう。今回の前橋南インター店では180度考え方を変え、イニシャルの建築コストが若干上がったとしても、長い目で見たときにはエネルギー消費量をセーブしたりCO_2を削減していく方が価値がある、という考え方にシフトして取り組みました」と語るのは、出店開発部店舗設計施工チームの高木肇子シニアマネージャーだ。

竹中工務店との強いパートナーシップ

商業建築の設計においては、窓のない倉庫のように閉じていた方が光も温度もコントロールできて効率がいいはずだ。実際、前橋南インター店の近隣にある他の量販店はいずれも倉庫のような外観である。

ところが、ユニクロ前橋南インター店は「地域の皆様に開かれた店」というコンセプトでデザインしているため、全面ガラス張りにしている。店舗設計のプロジェクトチームは、佐藤可士和氏のデザインを形にするのと同時に、省エネで消費電力の40％以上を削減するという目標を設定した。あえて矛盾する

ことに挑戦しているかのようだ。

「地域に開くことと省エネを両立させるには、設備だけでなく、まず建築プランを工夫する必要がありました。矩形の建物平面の内側に、もう一つ矩形を描くようなプランを考え、庇の下の空間や、カフェ、レジなどが売り場を囲んでいます。これにより、売り場を外部環境から適度に守りながら、周辺環境が感じられる心地の良い購買体験を生み出したいと思いました。このプランは、同時に、周辺から店舗の賑わいを感じられる構成になっています」(竹中工務店東京本店設計部アドバンストデザイングループ長・花岡郁哉氏)

「何か一つの工夫や機能を導入したら消費電力を40%削減するなんていう、夢のような技術や設備はありません。竹中工務店さんの設計部、技術研究所の方々と何度も議論と実証実験を繰り返して、これで10%削減できる、これで3%削減できる、でもこれをやったらまた5%増えてしまった……、そんなことをいくつも積み上げていってはチューニングして、それで初めて、理論上40%の消費電力削減という数値に着地させることができました。竹中工務店さんとのパートナーシップなくして

竹中工務店が製作した前橋南インター店の模型

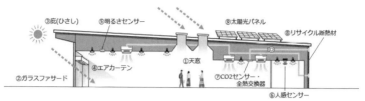

③庇(ひさし)　⑤明るさセンサー　⑨太陽光パネル　⑧リサイクル断熱材
④エアカーテン　①天窓　⑦CO2センサー・全熱交換器　⑥人感センサー
②ガラスファサード

ユニクロ前橋南インター店の省エネ・創エネ9つの工夫

は、実現できなかったことです」(髙木氏)

　竹中工務店にとっても、ユニクロとの仕事は他のプロジェクトとはまったく違う。通常は一点物の建造物を受注して製作することがほとんどだが、ユニクロは多店舗展開しているため、実際に営業している店舗で実験ができ、バージョンアップしながら他の店舗に展開できる。建築の中でも連続性と再現性のあるユニクロとの仕事は、竹中工務店にとっても貴重な場だ。

エアカーテンの効果を最大限にする稼働方法

　最も大きな課題は、ガラス張りにすることで自然採光を活かし照明にかかるエネルギーを削減する一方で、熱が逃げるのを防ぐこと。そこで自動ドアの上に採用したのはエアカーテンだ。

エアカーテン

　「ただエアカーテンを付けるだけでなく、『ユニクロ流山店』で煙を使った実証実験を行って、エアカーテンの効果を最大限にできる稼働方法を見つけ出しました。ポイントは、外側の気圧と店舗内の気圧のバランスです。それをコントロールすることではじめて、ドア開放時の外気流入と温度調節された室内空気の流出

を抑制する効果が最大化するわけです」(花岡氏)

　店舗での実験によって、エアカーテンのメーカーでも知り得なかった詳細なデータを取ることができた。その検証結果は、2023年、建築学会で竹中工務店から発表された。

人間の目に合わせて明るさセンサーを調整

　店内照明を節電するために、天井には明るさセンサーを設置したが、この調整も苦労した点だ。

　「明るさセンサーも、数値上は十分な照度が取れていたとしても、やはり人間の目の感じ方とは異なるため、何度も実証実験を重ねました。明るいところから急に屋内に入ると一瞬暗く感じたりしますよね。我々にとって必要な明るさというのは、お客様が商品をきちんと見られることが大前提ですから、それを担保しながら省エネを実現するバランスを見極めるのが一番大事なのです。そして店内の照度設定をいくつか設けて、入ってくる日の光によって自動的に切り替わる、というようにしています」(髙木氏)

CO_2濃度センサー、温度センサー、全熱交換機、ファンをすべて連動

CO_2濃度センサー

　そして温度や明るさのほか、コロナ禍以降に重視されるようになったのが、換気である。CO_2濃度センサーで混雑度合いを測る技術も一般化してきた。

　「換気するだけでは、当

然エネルギー効率は落ちてしまいます。今回はCO₂濃度センサーを単独でなく、温度センサー、全熱交換機、ファンを連動させることで、お客様の多いときはしっかり換気して、少ないときは換気回数を減らすことで換気に使われるエネルギーを抑えています。さらに、混雑時でも必ずしもエアコンを回すのではなくて、外の空気が冷えている場合には、外気を自動的に中に取り入れるようになっています」(髙木氏)

店舗にユニクロの服を着させよう!

「KIDS BOX」と称するキッズコーナーの一角には、店舗の外壁に使用されている断熱材の見本を見られる部分がある。よく見ると、その断熱材には赤や黄色、緑といった色とりどりの繊維が混ざっている。回収されたユニクロの服を細かく裁断して断熱材に混ぜているのだ。ここでも、竹中工務店がリサイクル断熱材の建材としての性能評価、製品の形状現場での設置に至るまで大きく関与している。

「設計の面からサステナビリティを目指すうえで、建物の断熱性能を上げることは世界的な課題で、いま断熱材というもの

自体が注目されています。今回のオリジナル断熱材は服の混率を色々変えて実験し、最終的には30%程度がユニクロの回収衣料になりました。外壁のほか、ユニクロコーヒーの椅子にも使われています」(花岡氏)

「『店舗にもユニクロの服

断熱材

を着させよう！』というアイデアも、竹中工務店さんとの議論から始まりました。服にどうやって次の命を与えられるかと考えると、リサイクル素材の断熱材を使うことは大きなチャンスなのではないかと考えています」(高木氏)

　サステナビリティ設計による様々な省エネの工夫について、来店するお客様がその一つひとつに気づくことはないのかもしれない。しかし、この店舗はとにかく明るく、居心地が良い。カフェコーナーでひと休みしながら、これまで変化に乏しかったユニクロのロードサイド店舗が、これから劇的に進化していく予感がした。

ACTION

03

Beginning

社内に育ったサステナビリティの樹

1990年代当時、日本最大規模といわれた有害産業廃棄物の不法投棄事件「豊島事件」をきっかけに、建築家の安藤忠雄氏と事件の弁護団長だった中坊公平氏の呼びかけによって設立された「瀬戸内オリーブ基金」。2001年に始まったこの瀬戸内オリーブ基金への支援が、ユニクロのサステナビリティ活動の起点となった。そのはじまりと、社内への啓蒙と社員の巻き込み、そして参加した社員のサステナビリティ意識の広がりを追う。安藤忠雄氏からのメッセージには、柳井社長との深い信頼関係が感じられる。

Chapter 01

瀬戸内オリーブ基金への
社員参加型の支援スタイル

瀬戸内海に浮かぶ、美しい島「豊島」

　香川県の高松港から小型船に乗って20分。瀬戸内海に浮かぶ、豊かな自然に恵まれた小さな島「豊島」が見えてくる。棚田やレモン畑、オリーブ畑が広がる、美しい島だ。

　現代アートの祭典「瀬戸内国際芸術祭」の舞台でもあり、いまでこそアートの島としても知られつつあるこの島は、実は40年近くもの間、国内最大級の産業廃棄物の不法投棄事件の現場となっていた。その後の日本の環境政策に多大な影響を与えるターニングポイントとなる「豊島事件」である。

豊島遠景（写真提供：瀬戸内オリーブ基金）

豊島事件

　1980年代、瀬戸内海に浮かぶ豊島(香川県土庄町)に産廃処理業者が大量の自動車の破砕くずや廃油などの産廃を、野焼きしたり、埋め立てたりした国内最大規模の不法投棄事件。不法投棄は1990年まで続き、その間、島の美しい自然は破壊され続け、住民たちは騒音や悪臭に悩まされ続けた。業者は兵庫県警に摘発され、不法投棄は終了したが、島には大量の産廃と汚染土壌が残された。

　1993年、住民は中坊公平弁護士を団長とする弁護団とともに、香川県に対して産廃撤去などを求める公害調停を申し立て、2000年にようやく調停が成立。県は2003年から不法投棄された産廃を無害化して処理する事業を開始し、2019年7月までに約91万トンの産廃と汚染土壌を島から撤去した。小さな島の住民たちが求めたのは、美しいふるさとを取り戻すこと。つまり原状回復だ。産廃が撤去されてもなお地下水の浄化などの課題が残されている。

　「瀬戸内オリーブ基金」は、2000年に建築家の安藤忠雄氏と中坊公平氏の呼びかけで設立されたNPO法人で、住民たちと

産業廃棄物が不法投棄された現場

共に瀬戸内海の美しい自然を守り、再生することを目指して活動している。

建築家・安藤忠雄氏と柳井社長との出会い

2000年、柳井正社長が、どこか一緒に社会貢献のできる団体がないかと探していた頃、たまたま共通の友人を介して紹介されたのが建築家の安藤忠雄氏だった。安藤氏は当時、瀬戸内オリーブ基金という緑化活動基金を立ち上げたところで、支援してくれる企業を探していた。

山口県出身で瀬戸内海にも馴染みのあった柳井社長は、基金設立のきっかけとなった豊島の地を実際に訪れ、産廃の不法投棄により傷つけられた現場の惨状と住民たちの苦しむ姿を見て、これは何とかしていかなければいけない、こういう事実を広く伝えていかなければいけないという強い思いを持ったという。

「当時は事業との関連性もありませんし、何かヴィジョンがあったというよりは、とにかくできることをやっていきたいという強い気持ちだったようです。そこで、柳井社長はまず個人で寄付をしました。その後、企業として瀬戸内オリーブ基金への支援を開始し、それと同時に社会貢献室を作ったのです」(広報部部長サステナビリティ担当・シェルバ英子氏)

募金の寄付から、現地でのボランティア活動へ

全国展開しているユニクロ店舗でできることとして、初めに取り組んだのは、募金と寄付の活動だ。ユニクロの店舗のレジカウンターに募金箱を置き、お客様から寄付金を集める。そして集まった額と同額の寄付を会社がプラスし、2倍の金額を寄

付する。いわゆる「マッチング寄付」という方法で、欧米ではポピュラーだったが、2001年当時の日本では新しい方法だった。

　しかし、店頭で集められた募金が実際にどのように活用されているのか、従業員たちは知らなかった。そこで、2003年より、従業員が自ら豊島へ行き、産廃の不法投棄の現場を見て、現地の住民の方に話を聞き、島の自然を回復するために、オリーブの樹を植樹するという、ボランティアプログラムを開始した。

従業員を巻き込む道のり

　「開始当初は、店舗や本部の従業員に呼びかけても、数人しか集まりませんでした。関心が低いばかりか、店舗の売上につながらないことをしたくない、こんなことをしても何になるのか、といった声もありました」（シェルバ氏）

　しかし、一度参加してくれれば活動の意義は伝わるはず。シェルバ氏は、そう信じて社内営業をして回った。特に、店舗のスタッフたちに影響力のある営業部のリーダー陣に個別に声をかけ、参加してもらう機会を作った。社内で報告会や座談会も開催した。そして、何か活動をしたら社内報に掲載する。それを繰り返した。実際、一度参加した人はその後、何回も参加したり、自分の周りの人たちにも参加を促すようになり、次第に参加者は増えていった。

　「ボランティア活動で一番難しいのは、やはり、社員を巻き込むこと。決してすぐに成果が出るわけではないので、とにかく続けるしかありません。でも、継続は力なりで、いずれその積み重ねが価値に変換されるときがきます」（シェルバ氏）

　その後、徐々に参加者が増え、2004年には社内で「ユニクロボランティアクラブ」という組織ができ、豊島への移動費用の

8割を会社が負担するようになった。

いまでは、豊島のオリーブ植樹ボランティアは毎年6回定期開催され、募集をかけると定員の30人がすぐに埋まるほどに定着している。従業員の家族やお客様も、参加できるようになった。コロナ禍の間は休止していたが、3年ぶりに活動が再開された2023年2月には、環境問題に関心の高いことで知られるタレントも参加し、その様子はテレビのニュース番組でも特集された。

体験することが最大の社員教育

この豊島のオリーブ植樹活動は、特に従業員の環境教育の場として最適だった、とシェルバ氏は語る。

「いま日本中どこへでも、新幹線や飛行機で簡単に行くこと

左：豊島事件と住民運動を学ぶ資料館、右：いまだに残る産廃

ができると思いますが、瀬戸内海の豊島へは、岡山側の宇野港か、香川の高松港から船で行くしかありません。島には大きな宿泊施設もなく、私たちはいつも住民の方のご自宅や廃校になった小学校の校舎に泊まらせていただいています。食事も、島の方たちと校庭でバーベキューをするのが恒例です。住民の皆様の過酷な闘いの歴史を聞き、不法投棄の生々しい傷跡の残る現場を見て、そういった旅程のすべてが参加した人にとって忘れられない体験となり、本当にこの美しい島を取り戻すことを自分ごととして考えられるようになります。ただ会社がお金を出して寄付するだけ、というのとは、まったく違うと思っています」(シェルバ氏)

ボランティアに参加した社員の意識の広がり

　参加した従業員の中には、その後も豊島の住民と交流を続けたり、自分の家族を連れて行くようになった人もいる。自分の住んでいる地域で、別の形でボランティア活動に参加するようになる人も増えたという。参加した店舗スタッフのコメントをいくつか紹介する。

　「最初はレジ前に設置してあるオリーブ募金について、社員としてもっと知らないといけない、という思いで参加しました。その後、豊島のことを知っていくうちに、大好きになり、みんなにもっと豊島のことや会社の取り組みを知ってほしくて、同僚を大勢連れていくようになりました」(ユニクロルクイアーレ店店長・陳敦輝氏)

　「2015年に初めて参加したときは、豊島はとても豊かな島だと感じました。しかし、実際に産廃現場を訪れてみると、多数の産廃、汚水があり、想像を絶する状況に言葉を失いました。

一度参加して終わりではなく、またボランティアに参加して理解を深め、その体験を店舗に持ち帰り、スタッフや地域のお客様につなぐ必要があると感じました」(ユニクロアトレ大森店店長・益川清香氏)

「最初の頃、国立公園や森は雑草やごみだらけでした。実際の現場を見て衝撃を受けました。回数を重ねるごとに、自分たちで森の環境を整備し、海沿いで靴を脱いで水遊びできるまでになりました。この環境の変化にはすごく感動しました」(ユニクロルクイアーレ店店長・陳氏)

「ボランティアに参加してからは、商品のビニール・梱包材が多いということが、いままで以上に気になるようになりました。こうしたらごみを回収して利用できるという会話や、感じたこと、学んだことを、自分ごととして自分の言葉で伝えることで、他の取り組みに対しても興味、理解をしようとしてくれるスタッフが増えたと感じます」(ユニクロアトレ大森店店長・益川氏)

現場・現物・現実

ユニクロの今日のサステナビリティ活動は、瀬戸内オリーブ基金から始まったと言っても過言ではない。いまではユニクロのサステナビリティパートナーは、大規模でグローバルな団体も多い中で、瀬戸内オリーブ基金は、規模は小さいながら22年間継続し、最も社員に根付いた活動だ。

「私たちにとって瀬戸内オリーブ基金の活動が特別なのは、やはり現場があって、現実を見て、そこから一緒に課題解決する、ということだからです。現場・現物・現実です」(シェルバ氏)

取材中に、この「現場・現物・現実」という言葉を何度も聞い

左：海岸での清掃活動、右：植樹したオリーブの収穫

た。「現場・現物・現実」とは、机上の空論でなく、実際に現場で現物を見て、現実を認識したうえで問題解決しようという考え方だ。ファーストリテイリンググループでも最も重要視されている考え方の一つで、企業理念にも「現場・現物・現実に基づき、リアルなビジネス活動を行います」という行動規範が掲げられている。この同じ価値観が、社員の一人ひとりに染みわたっていることを実感した。

Chapter 02

建築家・安藤忠雄氏と
柳井正社長の22年間の交流

安藤忠雄氏と社会問題

　元プロボクサーで、独学で建築を学んだ、という異色の経歴
で知られる建築家・安藤忠雄氏。安藤氏が"稀代の建築家"と呼
ばれ、世界中から尊敬を集めている理由の一つは、建築という
枠組みを超えた、社会活動への旺盛な取り組みにある。

建築家・安藤忠雄氏（写真提供：安藤忠雄建築研究所）

——安藤先生は様々な社会貢献活動や環境保護活動をされています
が、そのような関心を持たれるようになった背景や、影響を受けた
ことはあるのでしょうか？

　建築家として仕事を始めたかなり早い段階から、社会や環境
の問題には強い関心を持っていました。よく、「建築家なのに
なぜ木を植えるのですか」と問われるのですが、私の中で「建築
をつくること」と「森をつくること」は、場所に働きかけ、新し
い価値をもたらすという点において、同義の仕事なんです。

　私がこれまで継続して行ってきた「ひょうごグリーンネット
ワーク」「瀬戸内オリーブ基金」「桜の会・平成の通り抜け」「海
の森」といった植樹活動は、いずれも一般に寄付を募り、それ
を原資として少しずつ木を植えて、森に育てていくプロジェク
トでした。つまり市民一人ひとりの参加を前提としています。
私にとってはこのことが何よりも重要です。

　人には、自分にとっての「心のふるさと」があります。人々の
記憶に刻まれた風景を大切にしながら、緑豊かな自然を取り戻
し、地球全体の環境問題について意識を向けることができるよ
うな活動に、地域の方々と力を合わせて取り組むこと。それが
私のライフワークの一つとなっています。

　　——安藤先生が、中坊公平先生と瀬戸内オリーブ基金を立ち上げら
れたきっかけを教えてください。

　ベネッセコーポレーションの福武總一郎さんに、瀬戸内海の
直島を現代アートの力で文化の島にしようという壮大な計画に
誘われ、1980年代の後半から島の一連の施設の設計に関わっ
ていました。その中で、香川県の豊島の産業廃棄物の問題も知
りました。かつては緑豊かな島だった豊島は、70年代頃から
企業による産業廃棄物の不法投棄が行われたことで、自然環境

が破壊され、島民の抗議が続いていました。この豊島事件で闘ってこられた弁護士の中坊公平さんとは以前からお付き合いがあり、ちょうど公害調停が成立した2000年にお会いしたときに、「安藤さん、豊島のゴミを処理するだけではダメだ。かつての緑豊かな島に戻さなければならない」と言われ、協力して瀬戸内海の緑化活動基金を立ち上げることになりました。それが「瀬戸内オリーブ基金」です。

　当時、私は阪神・淡路大震災の復興への取り組みとして「ひょうごグリーンネットワーク」という被災地の緑化活動を続けていましたので、植樹活動についてはノウハウがありました。中坊さんは、豊島の問題を日本の環境破壊の象徴と捉え、瀬戸内の自然を少しでも取り戻すことで、人々の環境に対する意識を変えようともおっしゃられました。その考えに、心理学者で後に文化庁長官にもなる河合隼雄さんも賛同いただき、3人が中心となって「瀬戸内オリーブ基金」は産声を上げることになります。

柳井正社長との交流

——安藤先生と柳井社長が出会ったきっかけ、経緯を教えてください。

豊島の産廃不法投棄現場を視察する安藤忠雄氏と柳井正社長
（写真提供：安藤忠雄建築研究所）

　柳井さんと出会ったきっかけは、共通の友人による紹介でしたが、その後何年にもわたるお付き合いの発端となったのはやはり「瀬戸内オリーブ基金」でした。

大阪に生まれた私と同様、山口県出身の柳井さんもまた、瀬戸内海に強い思い入れを持つ一人として、この活動に強い興味を示してくださりました。ご自身で多額の寄付を行う一方で、当時すでに全国500店以上あったユニクロ全店に募金箱を設置し、集まった寄付金に社として同額を上乗せして寄付する、いわゆるマッチング寄付をご提案いただいたのです。まずその決断のスピードに、感銘を受けたことを覚えています。

──ユニクロ、あるいは柳井社長との交流の中で、印象的なことがあれば教えてください。

　圧倒的な商売の勘とアイデアでユニクロの世界戦略を牽引する柳井さんの姿から、瀬戸内での地道な植樹活動を連想するのは難しいところです。世界の第一線をひた走るビジネスマンの、意外な一面とも言えるでしょう。しかしその意外性は、ブランドイメージにもそのまま色濃く反映されているように思います。

　私にとってユニクロといえばやはり社長である柳井正さん個人のイメージが強い。それは、ユニクロというブランドをよく知るより先に、柳井さんその人と知り合ったことも一つの理由ですが、なによりも柳井さんという人物のインパクトの強さによるところが大きいと思います。

──ユニクロというブランドにはどのような印象をお持ちですか？

　ユニクロは、ただ寄付金を集めるだけでなく、全国の店舗スタッフから有志を募り、定期的に豊島で植樹をはじめとしたボランティア活動にも取り組み、今日までずっと続けてくださっています。こういった一連の活動を通して、私のユニクロというブランドに対する初期印象が固まりました。商品を深く知ることになるのはその後の話です。

ユニクロというブランドが人々に愛されてきたのは、単に安くて質の良い商品を展開しているからだけではなく、フリースやヒートテックといった革新的な商品を次々に打ち出して、新しい世界を切り拓いてきたからだと思います。人々の生活文化に変革を与え続け、いまや日本を代表するファッションブランドへと成長しました。

──瀬戸内オリーブ基金以外で、ユニクロやファーストリテイリング、柳井社長と一緒に取り組まれている社会貢献活動について教えてください。

　社会貢献活動は、いまや企業の当然の責務となりつつありますが、ユニクロはその先駆的存在です。2011年の東日本大震災でも、迅速かつ多大な支援を行われました。ユニクロのCSR（企業の社会的責任）には、たとえ広報的なメリットにつながらなくとも、社会的に意義があると判断すれば、実務レベルか

「桃・柿育英会」発足式の様子

ら積極的に参画していく印象があります。それはひとえに、柳井さんというトップの決断力と行動力の表れであり、他の企業に簡単に真似できるものではないと思うのです。

　被災地の子供たちの遺児育英資金を立ち上げよう。そう考えた私が真っ先に電話したのは、やはり柳井さんでした。同じように、震災で親を亡くした子供たちを支援したいと考えていた柳井さんは、「やりましょう」の一言。他に文化人や経済人を発起人として募り、「桃・柿育英会」が発足しました。

──今後、ユニクロに期待されることがあればお聞かせください。

　柳井さんは、すばらしい発想力と行動力を持ち、責任感の強い、類まれな経営者です。建築家の仕事も、いかにして緊張感を持続するかが課題となります。新しい世界を切り拓く勇気がなければ、先に進むことはできません。その意味で、常に新しいことに挑戦し続ける柳井さんの姿勢には、学ぶところが多いです。

　柳井さんには、その失敗を恐れない、柔軟な経営戦略を持って、100歳になるまで走り続けていただきたい。そしてユニクロは、今後も世界を舞台に、日本に元気を与え続ける企業であり続けてほしいと願っています。

　2017年に国立新美術館で開催された「安藤忠雄展」は、「挑戦」というタイトルだった。「挑戦」とは、安藤氏が、既成概念を打ち破るような斬新な建築作品を次々と世に送り出してきたことと同時に、建築の枠をも超えて社会活動へ果敢に取り組んできたことを指しているのであろう。ユニクロの柳井正社長もまた、挑戦を続けてきた経営者の一人である。2人の挑戦者が、お互いを深く尊敬し、信頼し合っていることをひしひしと感じた。

ACTION

04

Athletes

世界のトップアスリートと取り組む次世代育成

ユニクロは、世界レベルで活躍するアスリートたちと、ブランドを体現する「グローバルブランドアンバサダー」として契約している。2024年1月時点でのグローバルブランドアンバサダーは、車いすテニスの国枝慎吾選手、ゴードン・リード選手、テニスの錦織圭選手、ロジャー・フェデラー選手、ゴルフのアダム・スコット選手、そしてスノーボードとスケートボードの平野歩夢選手の6人だ。特筆すべきは、彼らの競技活動をサポートするだけでなく、選手たちと一緒に社会貢献活動、特に次世代の選手を育成する活動に力を入れていることだ。グローバルブランドアンバサダーとの取り組みついて、取材した。

Chapter 01

ユニクロのグローバル
アンバサダーとは何か?

ブランディング、商品開発、次世代育成の3本柱

　ユニクロのグローバルブランドアンバサダーとは、「ユニクロが目指す、あらゆる人の生活を、より豊かにするための服

ユニクロと契約する「グローバルブランドアンバサダー」の6人

『LifeWear』。このコンセプトとユニクロブランドを世界に広めて社会に貢献するために」、共に活動する「世界の人々からリスペクトと称賛を集める」「人間としての誠実さ、高潔さ、逆境にあっても希望を失わない精神力、他人を尊重する心、謙虚さなど、抜きんでた人格を供えたアスリート」とされている。単なる著名アスリートへの協賛とは、意味合いが違うようである。

　一般的なスポーツマーケティングの目的は、言うまでもなく、認知度アップ・イメージアップだ。有名企業がアスリートと契約し、彼らが出演する広告はよく目にする。スポーツプロジェクトを担当するユニクロ グローバルマーケティング部部長の文原徹氏は、ユニクロのグローバルブランドアンバサダーの目的は、「ブランディング」「商品開発」、そして「次世代育成」だと語る。

　「スポーツマーケティングの世界においては、スポーツメーカーやスポーツウェアブランドは、当然スポーツを前面にしたメッセージを発していました。ところが、ユニクロはカジュアルウェアのブランドで、『LifeWear』を提唱しています。まったく違う角度から、スポーツをも含めた生活全般に対してメッセージを発信しなくてはならない。入社してから、柳井社長や取締役の柳井康治と議論を重ねて、ユニクロとしてスポーツマーケティングを実施していくうえで、従来のブランディングという意味合いに加え、サステナビリティ活動の一環である次世代育成を一つの柱にしていくべきだ、ということになりました。ここが、ユニクロのスポーツマーケティングの大きな特色になっています」(文原氏)

アンバサダー人選の課題とは

　もちろん、「ブランディング」においても、グローバルブランドアンバサダーの果たした貢献度は大きい。

　たとえばユニクロブランドがヨーロッパに本格出店するようになったのは2010年以降だが、当時ヨーロッパでは、「ユニクロ」よりも「ロジャー・フェデラー選手」の方が圧倒的に有名だった。すると、彼がユニクロのウェアを着ることによって、ユニクロというブランドが知られるようになっていく。「ロジャー・フェデラー選手が競技の時に着ているウェアだ」とブランドに対する信頼感が増したことは確かだ。そしてアンバサダー等がユニクロの『LifeWear』を体現すべく彼らがそのフィロソフィ（哲学）を伝えていく。

　グローバルブランドアンバサダーの人選の基準は何なのだろうか。

グローバルマーケティング部部長の文原徹氏

「まず、競技のジャンルは、これまでもテニスウェアやゴルフウェアを選手に提供しているように、我々のウェアを競技中に着用できる競技だということです。そのうえで、そのジャンルの中で世界のトップレベルで活躍している選手だということ。そして、これが一番重要なのですが、競技面だけではなくて人格の面で、誰もが尊敬する人間性の素晴らしさ、精神力の高さを持たれている方だということ。前人未踏の記録に挑戦し続ける選手は、こうした精神力の高さを兼ね備えています」（文原氏）

「新しいアンバサダーにふさわしい方なども常にアンテナを張り探してはいますが、そう簡単に見つかるものでもありません。特に、ダイバーシティ＆インクルージョンの観点から、ジェンダーのバランスや人種としての多様性なども考慮すべきだということは理解をしています」（文原氏）

トップアスリートの競技用ウェアを開発

もう一つの大きな目的は、競技用ウェアの開発と、そのノウハウを活かしたアイテムの一般販売である。

スポーツブランドでないアパレルブランドがアスリートに対してウェアの提供をすることはままあるが、ほとんどは競技以外のときに着用するウェアの提供だ。ユニクロも、以前からオリンピックの公式服装の提供などはしていたが、選手契約をしたアスリートに対する競技用ウェアを提供するのは2009年に契約した国枝慎吾選手が初めてだった。国枝選手は、すでにその前年の北京パラリンピックでも金メダルを獲っていた。いわば人生をかけて競技に取り組む超一流の選手に対して、彼らのパフォーマンスをサポートするウェアを作るには、ブランドとしても相当な覚悟と試行錯誤が必要だったに違いない。

商品開発の打ち合わせ中の平野歩夢選手

　しかし、そのチャレンジは、結果的にビジネスとしての成功にもつながった。選手のウェア開発の過程で生まれた「ドライEX」「感動パンツ」「ハイブリッドダウン」といった商品は、その後一般にも広く販売し、ユニクロの人気商品となっている。

スノーボード・平野歩夢選手と開発したハイブリッドダウン

　たとえば、ダウンと中綿を使用した「ハイブリッドダウンジャケット」は、スノーボードとスケートボードで活躍する平野歩夢選手のウェア開発から誕生した。
　「平野選手はいわゆるオーバーサイズのウェアを好むんですね。と同時に、スノーボード競技では、当然1cmでも1mmでも高く飛びたい、そこに挑戦しているわけです。ですから、我々もそれを実現するためにウェアをどんどん軽くしていきたい。一方で保温性も必要です。そこで、ダウンに吸湿発熱性のある中綿素材を組み合わせて、軽量化と保温性を担保しました。彼はスタイリッシュさも大切にしていて、飛んだときのシルエットにも非常に気を遣うので、それも鑑みたうえで、彼が求めるシ

ルエットも追求しました」(文原氏)

アスリートと同じウェアを一般に販売

　通常、スポーツブランドが契約選手のためにウェア開発をしても、レプリカモデルとして一般に販売する際には素材や仕様を変えてしまうか、もしくは高価格帯の数量限定商品となるケースが多い。大きな理由は、コストの問題だ。

　契約選手用のウェアは、ある意味、採算度外視で作るが、一般販売に適した価格にするためには、素材を含めある程度スペックを下げる必要がある。だから、多くの場合、レプリカモデルと銘打って販売されている商品でも、実際に選手が着用しているものとデザインは似通っていても素材などのスペックが大きく異なるのである。

　ところが、ユニクロは、もともと生産する規模とサプライヤ

2023年5月に発売された錦織圭選手モデルの超速乾素材「ドライEX」ポロシャツ

ーとの戦略的パートナーシップの中で低価格を実現するスキームを目指しており、選手への提供するウェアも原則、そのスキームの中で作っているため、選手用の高スペックウェアを作ったとしても他社のように価格が大幅に跳ね上がることがない。

　我々消費者にとっては、超一流プレーヤーの知見が存分に盛り込まれた製品を、通常のユニクロ商品とあまり変わらない値段で手に入れることができる。これは、他のスポーツメーカーではなかなか見られないことだ。

ロジャー・フェデラー選手との次世代育成プログラム

　6人いるグローバルブランドアンバサダーの中でも、特に次世代育成活動の面で今後大きく取り組んでいこうとしているのはロジャー・フェデラー選手だ。フェデラー選手自身も、20年前にロジャー・フェデラー財団を創設し、アフリカの子供た

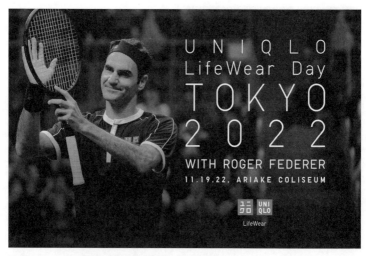

「UNIQLO LifeWear Day Tokyo 2022 with Roger Federer」の告知

ちに教育の機会を提供する活動を続けている。

ユニクロは、2022年9月にプロを引退したロジャー・フェデラー選手の11月の来日に合わせて、これまで世界各地で開催してきた次世代育成の取り組みを、「UNIQLO Next Generation Development Program」という形で体系化することを発表した。

「UNIQLO Next Generation Development Program」は、グローバルブランドアンバサダーのほか、国内外のスポーツ団体、また米メジャーリーグで活躍したイチロー選手などとも一緒に、次世代育成を推進するプログラムだ。子供たちが、一流アスリートとの交流をきっかけに、持続可能な未来の担い手として成長できるよう、スポーツ競技の指導と合わせてサステナビリティをテーマにしたセッションをプラスしたイベントなどを行う。2022年11月にはロジャー・フェデラー選手の偉業を称え、「UNIQLO LifeWear Day Tokyo 2022 with Roger Federer」と銘打って、東京の有明コロシアムで開催、6400人が参加した。

平野歩夢選手に生まれた変化

グローバルブランドアンバサダーの中で最も若い世代である平野歩夢選手は、2023年3月に初めて次世代育成のイベントに参加した。

「当初、平野選手は、自身が初めて取り組む次世代育成イベントに対し、どう取り組むのがいいかわからない部分もあったようですが、結果的にはとてもいいイベントを実施することができました。日頃から一生懸命スノーボードをやっている子供たちが、平野選手の滑りを間近に見て、直接指導をしてもらえるんです。その子供たちにとっては人生が変わるくらいの一日になるわけで、我々ブランド側としてもいい機会を提供できた

スノーボードの次世代育成イベントでの子供たちと平野歩夢選手

なと思っています。同時に、平野選手自身も、一日子供たちと過ごす中で、自身が次の世代を育てていくことの大切さやそれに対する喜びに気づいたと語っていました。我々がパートナーとして共に活動する中で、アスリートの心情にも何かしら変化を作り出せたというのは、このうえない喜びでした」(文原氏)

　文原氏は、前職はアメリカのマーケティングエージェンシーの日本支社代表だった。自身もアメリカンフットボールのプレーヤーとして経験があり、アメリカの大学院でスポーツマーケティングを学んだ後は、国内広告代理店や外資系飲料メーカーにおいてもスポーツビジネスに携わってきた。いわば、スポーツマーケティングの世界を知り尽くした人物だ。ユニクロとは外側から関わった経験もあるが、3年前に入社した。こういった異業種のスペシャリストにさらに新しく大きなチャレンジができると思わせる、その求心力がユニクロと他社との決定的な違いを生んでいるのであろう。

Chapter 02

車いすテニス・国枝慎吾選手と歩んだ14年間

車いすテニスの次世代育成イベント

　2023年4月23日、福岡県「いいづかテニスリゾート」の観客席に、車いすテニスの元世界王者・国枝慎吾選手（以下、国枝選手）の姿があった。この日「いいづかテニスリゾート」では、車いすテニスの世界大会の一つでアジア最高ランクである「ジャパンオープンテニス」の決勝戦が行われていた。時折うなずいたり手を叩いたりしながら、国枝選手は決勝戦を見守っていた。

2023年4月23日に開催された「UNIQLO Next Generation Development Program」

その身体を包むのはテニスウェアではなく、ユニクロの「感動ジャケット」である。

　グランドスラム車いす部門で、男子世界歴代最多となる計50回優勝の記録保持者である国枝選手は、世界ランキング1位のまま、2023年1月にプロ車いすテニスプレーヤーを引退し、3月には国民栄誉賞を授与された。この日は、ジャパンオープン優勝者への優勝杯授与式のプレゼンターとして出席していたのだ。

　優勝杯授与式が終了すると、隣のコートでは、「UNIQLO Next Generation Development Program」が始まった。ユニクロが主宰する車いすテニスの次世代育成イベントの一つで、この日は、国枝慎吾選手と、同じく車いすテニスプレーヤーでユニクロのグローバルブランドアンバサダーであるゴードン・リード選手から直接指導が受けられる。このプログラムに参加するために全国から集まったジュニアプレーヤーたちにとって、きっと忘れられない体験となるだろう。

お互いに世界No.1を目指す

　ユニクロが国枝選手をサポートするようになったのは、2009年、国枝選手がプロ転向を宣言したときから始まる。ちょうどユニクロが海外進出を加速していった時期で、お互いに世界No.1を目指す、という目標が一致した。

　ユニクロは、2006年にニューヨークSOHO地区にグローバル旗艦店をオープンさせたことを皮切りに、2007年にはロンドン、パリ、2010年には上海にグローバル旗艦店をオープンさせ、その後もシンガポール、台湾、ロシア、マレーシア、タイ、フィリピン、オーストラリア、ドイツ、カナダ、スペイン……と出店を続けていた。

「僕がアンバサダーとして契約した2009年当初は、胸のユニクロのロゴを見た海外の選手から『それどこのメーカー？』と聞かれることが多かった。2011年に錦織選手がユニクロと契約した頃も、まだ同じような反応だったと思います。それが、2012年にジョコビッチ選手（アンバサダー契約は2012〜2017年で満了）が契約した頃には、ユニクロは海外でも知られるようになっていて、『それどこの？』と聞く人はもういなくなっていました。たった3年の間にユニクロの海外進出が進んで、世界中で知名度が上がっていったのを肌で感じました」（国枝選手）

　選手時代に20年にもわたって、一年中、世界各国のツアー大会を回っていた国枝選手ならではのグローバルな実感だ。

車いすテニスの認知を広めたい

　国枝選手がユニクロとパートナーシップを結んだもう一つの

国枝慎吾選手

理由は、ユニクロの持つ情報発信力だ。「やはり、車いすテニスの認知を拡大していきたいという強い思いがありました。僕の子供時代は、車いすテニスがどういうものなのか、情報があまりなかったんですよ。いまはYouTubeやSNSもあるので、車いすテニスについての発信を自分自身も心がけていますし、メディアにももっと発信してもらいたいと思っています。ユニクロと一緒に活動することで、自分のことを取り上げていただく機会が増えて、車いすテニスをもっと知ってもらいたかったですし、やりたいと思う子供たちが増えていったらいいな、と思いました」(国枝選手)

　国枝選手の「車いすテニスの認知をもっと広めたい、普及させたい」という思いに賛同し、ユニクロは国枝慎吾選手個人の活動をサポートするだけでなく、世界中で大小合わせて年間160大会ほど開催されている車いすテニスツアーのタイトルスポンサーを務め、世界中で車いすの発展をサポートしている。

ユニクロが初めて競技用のウェアを開発

　ユニクロが国枝選手とのパートナーシップの中で、初めて挑戦したのが、競技用ウェアの開発だ。ユニクロも以前からオリンピック日本選手団の公式服装の提供などはしていたが、競技用のウェアを提供するのは初めてだった。着用する側の国枝選手に、不安はなかったのだろうか。

　「それが、最初に契約したときにいただい試作品が、それまで着ていたテニスウェアよりも格段によかったんです。軽くて着心地もいいし、動きやすいし、汗の処理も早い。本当にびっくりするくらいよくて、その驚きはいまも覚えています。

　その後も、毎年いただくウェアが常にアップデートされてい

て、さらに軽く、さらに汗が気にならなくなっていくんです。僕の欲しいものを、先回りして作ってきてもらっている感じです。ただ、僕はメッシュ素材が好きなので、そこは特にこだわりました」(国枝選手)

　国枝選手がユニクロのデザイナーやパタンナーなど商品開発部門の社員と会うのは、年に数回。その限られた機会の中で、前回の打ち合わせで国枝選手がふと漏らした言葉や試着時の動きなどをとらえて、次に会ったときには国枝選手のパフォーマンスをより最大化できるよう改良しているのだという。

　選手一人ひとりに合わせた競技用ウェアを開発して、実際その選手のパフォーマンスが上がり、選手がいい成績を残す一方で、ユニクロはそのノウハウを自社の商品開発に活かし、一般のお客様に提供する。ビジネスとしても、非常にいいサイクルができている。

勝ち続けることの難しさ

　国枝選手とユニクロのもう一つの共通点は、「勝ち続けている」ということだろう。もちろん、国枝選手もケガに悩み引退を考えることもあったし、ユニクロもブーム後の購買者の離反に苦しんだ時期もあった。しかし、共にそこを乗り越え、さらに大きく成長し、いまでは他の追随を許さない存在となった。勝者ゆえの悩みはあるのだろうか。

　「負けたら、課題ってわかりやすいんですよ。でも、勝っていると課題がわからなくなってしまう。成功体験が邪魔をして、ここで変えたら負けてしまうのではないかというマインドになるから。逆に、負けている人は変えないと勝てないわけです。

負けている人たちは、そうしてどんどん成長するから、勝っている人が何も変えずにいると、相対的には衰退している、ということになるんです。だから、勝っていても、なお自分の中に課題を見つけていくということは、意識しないとできないことですし、ずっと意識してやってきました。

　自分の中のやるべきことを明確にして、それに取り組んでいく、その繰り返しです。日々の生活の中でそのプロセスを作っていくには、24時間テニスについて考え続けることしかありません。食事していても、お風呂でもトイレでも、テニスのことを考えているか、テニスの動画を見ています。食事も、ある意味仕事として、テニスのために食べているわけですし、オフもまたテニスをするために必要な時間です。そうやって、生活のすべてをテニスに捧げてきた、と言えると思います」（国枝選手）

　国枝選手のテニスへの向き合い方は、柳井正社長のビジネスへの向き合い方と重なる。柳井正社長も、勝ち続けるために24時間ビジネスのことを考え、勝っても、なお課題を追求しているはずだ。国枝選手は、柳井正社長の目には、自社が協賛するアスリートというよりむしろ、ビジネスの先にある大きな目標を共有する盟友のように映っているのではないかと思う。

Chapter 03

国枝選手の引退会見で
柳井正社長が語ったこととは？

国枝選手の存在感

　グローバルブランドアンバサダーの第一号は国枝慎吾選手であるが、もともと国枝選手との契約時には、ユニクロにはまだグローバルブランドアンバサダーという考え方はなく、通常のプロ選手との所属契約だった。

　しかし、このテニス界のレジェンド国枝選手が契約していたことに影響され、錦織圭選手もユニクロと契約し、錦織選手が

引退会見での柳井正社長と国枝慎吾選手

いるからノバク・ジョコビッチ選手（アンバサダー契約は2012〜2017年で満了）とも、ロジャー・フェデラー選手とも契約にもつながった。国枝選手の存在は間違いなく大きかった。

「国枝選手がいなかったら、いまのグローバルブランドアンバサダーという考え方や取り組みに至らなかったかもしれないですね。世界のテニス界の中でも国枝選手の偉業に対するリスペクトにはすごいものがありますから、国枝選手が契約している企業ということで、世界中のアスリートからユニクロに対する注目度も信頼度も上がった。それがほかの選手との契約に結び付いたのは事実です。ですが、なにより国枝選手の人間性に我々が惚れ込んでしまったのです。そして、ブランドを体現してもらいたい存在として、彼と契約したのが始まりです」（グローバルマーケティング部部長・文原徹氏）

ユニクロでは年に2回、世界中のファーストリテイリンググループ社員が集結するコンベンションが開催されている。2010年のコンベンションでは、前年に契約したばかりの国枝選手が招待され、スピーチする機会があった。2008年の北京パラリンピックで金メダルを獲得し、一躍有名になっていたものの、まだいまほど車いすテニスが普及していなかった時代だ。

しかし、車いすで壇上に登場した国枝選手の力強いスピーチに、一瞬で社員全員が魅了された。両腕を振り上げて、彼の代名詞となっている「俺は最強だ‼」の言葉を叫ぶその姿を、柳井正社長も大いに喜んで見ていたという。

現役選手引退を決意したきっかけ

その国枝選手が、2023年1月に現役選手を引退することを発表した。引退を決意するきっかけはあったのだろうか。

「2021年の東京パラリンピックが終わったとき、フェーズが変わったことを感じました。もう競技で自分自身の成績を追求するだけではないところにきているというか。それ以降、次世代育成にもより積極的に取り組むようになりました。自分の中で明らかに、以前と違った角度からテニスに向き合い始めていたんだと思います。その時点で自分の中での満足感というか達成感は9割以上は埋まっていたので、本当は東京パラリンピックが終わってすぐに引退しようと思っていたんです」(国枝選手)

引退を延期したのは、ウィンブルドンに未練が残っていたからだ。実は国枝選手は、それまでグランドスラムと称される大会のうち唯一ウィンブルドンでの優勝経験はなかった。引退前に、どうしてももう一度挑戦したかった。

そして東京パラリンピックに続いて、2022年1月に全豪オープンで11度目の優勝、6月には全仏オープンでの優勝。そして7月のウィンブルドンではついに初めての優勝を果たした。こ

国枝慎吾選手

れで悲願のウィンブルドン大会初優勝を飾るとともに、グランドスラム4大会とパラリンピックを制覇する「生涯ゴールデンスラム」を達成。男子車いすテニス史上初の快挙となった。

翌2023年1月、国枝選手は、世界一のまま引退を宣言する。

引退会見で柳井社長が語ったこと

2023年2月7日、国枝選手は引退会見を行った。場所は東京・有明にあるユニクロ本社だ。会見に同席した柳井正社長のスピーチを聞くと、いかに国枝氏を高く評価しているかがわかる。

柳井正社長は冒頭に、「新しい国枝慎吾の誕生という意味で、今日はめでたい日であります」とスピーチを始めた。そして「車いすテニスという新しいスポーツのジャンルを確立したことは、新しい産業を作ったことと同じ」「プロスポーツ選手よりも、経営者としての才能を持っていると思う」「人生をかけて、一人の人間として尊敬できる」と国枝選手を絶賛した。スピーチの最後には、国枝選手に向かって「いままでは助走。過去のことは全部忘れてください。今日がスタート。一緒に日本を、世界の中の日本をより良く変えていきましょう」と呼びかけたのだ。

国枝選手の目標設定の高さや課題の見出し方、全身全霊でテニスに向き合う姿を見て、柳井正社長は自身のビジネスへの向き合い方と近いものを感じていたのかもしれない。超一流の経営者の目には、国枝選手のポテンシャルは、むしろテニスだけではもったいない、と映っているのであろう。

引退会見翌日のユニクロの新聞広告

引退記者会見の翌日、ユニクロは国枝選手の長年の選手生活

を労う15段（1ページ全面）の新聞広告を出した。

　「11歳の国枝慎吾くんへ」から始まるその広告文は、9歳のときに病気で両足に障がいが残り、大好きだった野球ができなくなった国枝少年に、車いすテニスを始めてくれてありがとう、という、胸を打つメッセージだ。不安そうな表情を浮かべる11歳の国枝少年と、世界の頂点に立ち、喜びを爆発させる26年後の姿。国枝選手の軌跡は、未来への希望を象徴している。

2023年2月8日のユニクロ新聞広告

ACTION
05
Refugees

2023年現在、世界の人口は約80億人。そのうち、約1億1000万人以上が紛争や迫害によって故郷を追われ、戦火や抑圧から逃れる生活を余儀なくされている。ユニクロは2001年から難民キャンプへの衣類寄付を開始し、2006年からはファーストリテイリンググループとして本格的に難民支援に取り組み始めた。以来、これまで難民に衣類を寄贈してきた国や地域は80、寄贈した衣類の点数は5000万点以上、そして雇用している難民の数は124人にのぼる（2022年8月末）。日本は難民問題に対して意識が低いとされる中で、早くから難民問題に取り組む理由は何なのか？

Chapter 01

はじまりは
難民キャンプへのフリース寄付

難民支援のきっかけは、全商品リサイクル

　ユニクロは2005年頃から海外進出を進めていく中で、世界で認められるブランドになるためには、経営としてCSR（コーポレート・ソーシャル・レスポンシビリティ）活動を事業活動の中に置き、経営の課題の一つとして捉えていかなければならないという思いを強くした。同時に、それまでの社会貢献室がCSR部となり、取り組む内容も社会の課題を解決するという方向に大きく広がった。

　CSR活動を促進していく中で始めた象徴的な活動が、全商品リサイクル活動への取り組みだ。それまでも、フリースのリサイクルは実施していたが、その対象をユニクロの全商品に広げたのだ。そして結果的に、全商品リサイクル活動を始めたことが、その後の難民支援につながっていく。

まだ着られる服と服不足とのマッチング

　全商品リサイクル活動を始めると、実際に店頭で回収された衣類は、意外にもコンディションのいいものが多く、十分服として着用できるものが多かった。当初は、回収した衣類を燃料などに加工して再利用していたが、再度服として誰かに着ても

らうことで役に立てることがあるのではないか、ということを考え始めた。

「困っている人に服が届けられて、喜んでいただけるのであれば、それが、私たちにとっては何より嬉しいことです。自分たちのブランドの服ですから、まだ着られる状態なのに捨てられる、というのではなくて、必要な人にまた着ていただけたら、これ以上ありがたいことはありません」(広報部部長サステナビリティ担当・シェルパ英子氏)

一方、世界全体で見ると、まだまだ貧困の深刻化や戦争や紛争の長期化により、衣料不足が課題となっている地域がある。

そこで、国際協力に携わる団体のリストを作り、片っ端からコンタクトをとって、「服を寄贈したいが、ニーズのあるエリアはないか? どんなニーズがあるか?」と聞いて回った。ところが、服が不足していることは事実だが、現地ニーズの確認、輸送コストやオペレーションなどの課題があり、どの団体もそこに取り組むことには二の足を踏んだ。むしろ現金を寄付してもらって、それを現地に渡して、現地で必要なものを手配してもらう方が効率的だというのだ。

UNHCRとの出会い

コンタクトをとる予定のリストの一番下に、UNHCR(国連難民高等弁務官事務所)の名前があった。

「当時はUNHCRの読み方もよくわかっていませんでした。国連難民高等弁務官事務所だなんて、敷居も高かったんですけれど、ここが最後の最後だと思って、勇気を振り絞って電話をかけました。すると、『服、全然足りていないんです!』と言われたんです。これでやっと前に進める、と胸が高鳴りました」(シ

ェルバ氏)

難民支援物資の優先順位は、住居と水と食料が3本柱だ。しかし、避難生活が長引けば長引くほど、服が必要になってくる。そのことにUNHCRも気づいてはいたが、手が回っていなかった。お互いに「渡りに船」というタイミングでの出会いだった。

「ただし条件があって、服なら何でもいいわけではなく、コンディションのいいものだけを選別して、ある程度の分類がされていないと、支援現場でも無駄になってしまうこと、そしてやはり輸送のオペレーションやコストが課題であると言われました。もちろん、そう言われるだろうことは予想していたので、選別も分類も輸送も、全部ユニクロでやります！と答えました」（シェルバ氏）

その後はユニクロとUNHCRで一緒に、大きいサイズ、小さいサイズ、半袖、長袖などのカテゴリー（現在では試行錯誤の末、18ものカテゴリーに分類されている）に分けて、暖かい国から寒い国まで、必要な人数に応じて届けられるような仕組みを作っていった。ここから、両者のパートナーシップが始まった。

難民キャンプでも「現場・現物・現実」

ユニクロの難民支援が多くの企業と違うのは、衣料寄付であっても、関係団体にものを渡して終わるのではなく、自分たちで難民キャンプ現地に行って手ずから難民の人たちに服を配布したり、社員をUNHCRの事務所に派遣していることだ。ここでも「現場・現物・現実」の考え方が染みついていることがわかる。

現場で見聞きしたことや、気づいたことを会社に持ち帰り、柳井社長はじめ経営陣に報告する。その生々しい報告を聞いた

経営陣と一緒に、すぐさま、次はもっとこういうことをしなければ、あるいはこんなことができるのでは、と話し合い、UNHCRへ新たな協力を申し出る。その繰り返しから、UNHCRとの結びつきも強くなっていった。

　「服って誰にとっても平等というか、服を持っていくと老若男女、どなたにも喜んでいただけるんです。難民キャンプのように緊急時の生活を送っている人たちにとっては、ユニクロの服のようなベーシックで機能性もあるもの、特にフリースなどは軽くて暖かくてすぐ乾くので大人気です。しかもこの活動は自分たちだけでなく、お客様にご協力いただいているからこそ継続できる。支援することにおいては、単発のプロジェクトではなく、続けていかれるということがとても大事なんだと思います」(シェルバ氏)

服の寄贈から自立支援へ

　UNHCRと行動を共にして世界の現状を知っていく中で、ユニクロは「服を届けただけでは難民の問題は何も解決しない、もっと掘り下げていかなければ」ということにも気づき始める。自分たちができることを探していき、その取り組みは、難民への服の寄贈から、難民自身の自立支援へと広がっていった。

　2022年11月9日、ファーストリテイリングとUNHCRは合同記者発表会を開き、バングラデシュ・コックスバザールにある難民キャンプで、ロヒンギャ難民の女性を対象にした自立支援プロジェクトとして、生理用の布ナプキンを生産・配布する活動への支援を始めたことを発表した。

　難民の女性たちに縫製技術をトレーニングして、生理用の布ナプキンなどを生産。出来上がった製品をキャンプ内で配布す

ロヒンギャ難民への縫製技術トレーニングの様子

ることで、生活物資の支援となり、同時に、生産に携わった女性たちが報酬を受け取ることができる、という仕組みだ。2017年のロヒンギャ危機から5年が経ち、難民キャンプでの生活が長期化している中での、新しい形の難民支援である。

　このプロジェクトも、過去にUNHCRコックスバザール事務所に派遣されたユニクロ社員が、難民キャンプでの女性の衛生面に課題があることを知り、現地NGOと共に行った活動がベースとなっているという。

　また最近では、新型コロナウイルス感染症対策のためマスクの寄付(300万点以上)、ウクライナからドイツやポーランドに逃れてきた難民への支援(2022年の寄付金額11.5億円)、トルコ地震の被災者支援(100万ユーロ)などにも、UNHCRとユニクロが一緒に取り組んでいる。

柳井正社長と難民問題

　先のファーストリテイリングとUNHCRとの合同記者発表会で、柳井正社長は、「これ(難民問題)は我々の問題でもある」「日

本では、違う国の文化を受け入れてインテグレート(結合)していくことを、ほとんどの人が知りません。日本人が国際化する、異文化と一緒に生活する、そして仕事をする機会はあまりにも少なすぎた」と熱をもって話した。

そして、集まったメディアに向かって、「困っている人を助けることが、将来を助けてもらうことになるんです。服屋として何ができるか。世界がより平和になるように、みなさんのご協力をよろしくお願いいたします」と頭を下げた。

「柳井社長は、常々、難民問題を『社会的な人材の損失』と言っています。世界中でこれだけの人たちが、本来は経済活動にも参加でき、自分の人生を謳歌できるはずなのに、その機会を与えられていない。そのこと自体が、その人の人生にとってもロスですし、社会全体にとっても損失である。だから、自分たちは難民支援をやっている、と。グローバルで大きな視点であると同時に、経営者としての視点でもあると感じます」(シェル

記者会見での柳井正社長と国連難民高等弁務官のフィリッポ・グランディ氏

バ氏)

　事業経営をする以上、その事業を安定的に継続させていくことが第一の目標だ。逆に言えば、平和で安定した社会が維持されない限り、自分たちのビジネスも成り立っていかない。ユニクロが難民支援に取り組むのは、グローバルに事業活動を行う企業として、経済基盤を作るために当然の帰結ということなのだろう。

Chapter 02

ユニクロの難民雇用
ミャンマーから逃れて日本で描く未来

離れ離れに生きる家族

　現在、東京都内のユニクロ店舗で働くパイ・ミン・タン氏は、1990年代にミャンマーに生まれた。ミャンマーでは1948年の独立以来、70年以上内戦が続き、いまだに銃火が止むことがなく、国内が統治されていない状態である。

　当時、ミン氏の父親はアウン・サン・スー・チー氏率いる国民民主連盟（NLD）の学生リーダーとして活動しており、国内にいては命の危険がある状態だった。そこで、苦肉の策として、名前を変え、ミャンマーを出た。当時アメリカに行く途中で立ち寄ったのが日本だった。日本に滞在できる期限が迫ってきたときに、優秀な弁護士と出会い、難民ビザを取得して日本で難民認定された。

　一方、ミン氏自身は、7歳のときに母親と一緒にミャンマーを出て、シンガポールで暮らしていた。ようやく父親と連絡を取り合えるようになったのは、シンガポールの高校を卒業後、ミャンマーに戻って大学に入学してからだ。

　父親が永住ビザを取得できたため、ミン氏も定住ビザが取得できるので、日本に来ないかと言われた。ミャンマーから書類を揃えて日本に送ると、2カ月でビザが降りて、父親が飛行機のチケットを送ってきてくれた。18歳で日本に来て、そこで

生まれて初めて父親と会った。

※永住ビザは、国籍を変えないままで日本に滞在し続けることができるビザ。在留活動、在留期間ともに制限がなく、在留管理が大きく緩和される。定住ビザは、永住者の扶養を受ける未成年で未婚の実子が取ることができ、就労に関する制限がなくなるため、日本人と同様にどんな仕事にも就くことができる。

日本で初めて会った父親

「父とは、僕が生まれて半年で離れ離れになりました。大人になってから初めて会ったので、当初は戸惑いもありましたし、なぜ18年も家族と離れていたのかとか、父に対して複雑な気持ちもありました。でも子供の頃から、父がどんな人なのか色々な人から聞いていて、きっと面白い人なんだろうと思っていました。実際、初めて会った父は、想像通りとても面白い人だったのです」

初めて会ったその日に、父は携帯電話を買ってくれた。失われた18年間を共に日本で取り戻そうとしていたが、その父親は2021年に亡くなった。死因は新型コロナウイルス性肺炎だ。当時コロナの感染拡大がピークの時期で、入院できる病院がなかなか見つからず、ようやく入院できたその週末に亡くなった。

大変な思いをして国を出て、家族と離れ離れになってまで、日本で生き抜いてきた父親。あまりにもあっけない最期だった。

ミン氏の母親と兄はいまもミャンマーに住んでいる。

「ミャンマーが安全かどうかというと、まったく安全ではないですね。常に何が起こるかわからない状態で生活しています。毎日、身近なところで軍と国民が戦っていて、銃撃や爆撃があり、誰かが撃たれています。日本に軍隊はないけれど、もし日本の軍隊と国民が戦ったらどういうことになるか、想像してもらえばわかると思います。そこに母や兄がいるのですから、毎

日心配はしています。でも、何もできない。もちろん、日本に来て住んでもらいたいです。父が永住ビザを取れたから僕の定住ビザが取れたように、僕が母や兄にビザを与えられたらいいのですが、いまの制度では難しいですね」

日本に来てからの1年間

ミン氏の日本語は驚くほど流暢だ。しかし、日本語は日本に来てから勉強したのだという。日本に来て、まずRHQ（Refugee Assistance Headquarter 難民事業本部）の定住支援プログラムで、1年間日本語を勉強した。

「ミャンマーで大学に入学していたので、当初は日本でも大学へ進もうと思っていたのですが、やはり早く経済力をつけて自立したいと考えるようになりました。それで、RHQの紹介で、ユニクロにインターンシップで入りました。そして、そのまま

パイ・ミン・タン氏

ユニクロで仕事を続けて準社員になり、3年前に正社員になりました」

ユニクロでの仕事を通して

　ユニクロで働き始めて7年になるミン氏が、同じくユニクロで働く難民の懇親会で皆に話す機会があった。

　「日本に来たばかりの人やユニクロで働き始めたばかりの人を見ていると、昔の自分を思い出します。皆すごく不安で、萎縮しているのがわかりました。でも皆、当時の僕よりも日本語が上手なんです。だから、そんなに不安に思うことはない、とにかくできるとかできないとか考える必要はなくて、やりたいと思ったことは何でも挑戦してください、と言いました」

　日本で働く難民の中には、日本語に自信がなく、他のスタッフとあまり話さない、本当はやりたいことがあっても言えない、という人が多いのだという。

　「ユニクロは、店長も、スタッフも、お客様も、頑張っている人には皆全力でサポートしてくれる、そういう環境です。それを信じて、やってみて、もし失敗してもまた挑戦すればいいと思う。怖いからと何もやらずに2、3年経ってしまったら、時間をロスしてしまうだけです。だから、とにかくやってみてほしい。僕は、できないことなんて何もないと思っているんです」

　初めて来た日本で、初めて父親と会い、初めて日本語を覚えて、そして初めて日本の企業で働き始めた。もちろん大変なことだらけだったが、それは決して難民だからではない。常にチャレンジしてきたからだ。

　無我夢中で目の前のことに取り組んでいたら、入社して1年経たないうちに、ユニクロの本部で行われている月度朝礼に出

98

席する機会を得た。何千人という社員の前でスピーチし、柳井正社長とも面会した。

日本の高校で出張授業

　ユニクロでは、2013年から、従業員を小、中、高校に講師として派遣して授業をする、「"届けよう、服のチカラ"プロジェクト」というプログラムがある。子供たちに教えるテーマは、「難民問題」だ。

　難民に服を届ける活動を通じて、服が持つチカラについて考える授業を従業員自らが出張授業として行い、その後、子供たちが主体となって、校内や地域で着なくなった服、中でも難民に必要とされている子供服を回収する。回収した服は、ユニクロを通して、難民を含む世界中の服を必要とする人々に届けられる、というプログラムだ。すでに10年以上にわたるこの取り組みは、年々活動を広げ、2023年度には1年間で実に744の学校、8万2000人の生徒を対象に授業をしてきた。

　ミン氏も2年前に講師として、都内の高校に出張した。

　「中学生や高校生たちに、僕自身も難民であること、ミャンマーでいま起きていることを話しました。話してみてわかったのは、日本の子供たちが、あまりにも世界のことを知らないということ。日本は素晴らしい国だと思いますし、僕は時間が戻ったとしてもまた日本に来たいと思っています。けれど、世界の中で日本では子供だけではなくて大人も、すごく平和というか、守られてすぎているように感じます。世界で起きていることや社会がどうなっているのか、もっと知っていてもいいんじゃないかと思いますし、そのために、もっといろんな人に会ってみてほしいと思いました」

ミン氏の話に刺激を受けたのだろう、翌週その高校から連絡があり、今度は生徒たちがミン氏の働くユニクロの店舗にやって来て、ミン氏の話を聞く会が催されたという。

自由と選択肢のある未来

　いまミン氏は、どんな未来を思い描いているのだろうか。

　「父がコロナであっけなく亡くなってしまってから、人の命は思っているより短いと思うようになりました。僕は自分がやりたいと思うことを全部やりたい。ですから、自分の選択肢を増やしたいと思っています。今後、たとえば日本に帰化することも考えられるでしょうし、海外に留学してもいい。僕は自由なのですから。ミャンマーの母にはそんな選択肢がなく、日本に来たくても来られない。それが、自由がない状態です。

　ユニクロでは、店舗のオペレーションやコミュニケーション、いろんなことを学んでいます。これはユニクロを辞めても、どこで何をやっても役に立つことばかりです。ただ、いま僕はユニクロという世界一を目指している大きな船に乗っています。いまは、他の船に行くよりも、そこから自分の船を出したいと思っています。僕は自由で、これからどこに行ってもいい。いつか自分の船を出して楽しく過ごせたらいいなと思います」

　「難民」という名の人はいない。その一人ひとりに、それぞれの人生がある。

　難民と呼ばれる人と会って話したのは初めてだったが、目の前にいるミン氏は、ただただ前向きで、貪欲で、好奇心旺盛な若者だ。これから何にでも挑戦できる可能性に満ちあふれた、まさに人的資本である。柳井正社長の言う「難民問題は社会の損失」という言葉を実感した。

Chapter 03

国連難民高等弁務官事務所との知られざるパートナーシップ

あらためて、「難民」とはどういう状況を指すのか

「難民」とは、「人種、宗教、国籍、政治的意見など様々な理由で、自国にいると迫害を受けるおそれがあるために他国に逃れ、国際的保護を必要とする人々」を指している。そこには紛争や暴力だけでなく、気候変動や自然災害の影響で、国境を越えて避難せざるを得ない人々も含まれており、その数は世界中ですでに1億1000万人に達している。

ファーストリテイリングは2001年から難民キャンプへの衣類寄付を開始し、2011年にはアジアの企業で初めて、国連難民高等弁務官事務所（以下、UNHCR）とグローバルパートナーシップを締結した。両者のパートナーシップについて、UNHCRの担当者に取材した。

UNHCRの2人のキーパーソン

UNHCR民間連携担当官の櫻井有希子氏の所属はスイスのジュネーブにある民間連携本部だが、ファーストリテイリングのカウンターパート（受け入れ担当者）として日本に駐在している。UNHCRの資金調達の約90%は政府からであるが、政府以外に、

個人や一般企業、財団や宗教団体などと連携し、資金調達を含め、民間の様々なアイデアやイノベーションにより、難民問題の解決に結び付けていくのがミッションだ。

そしてもう一人、ファーストリテイリングとUNHCRとのパートナーシップのきっかけとなったのが、現

UNCHR民間連携担当官の櫻井有希子氏

在UNHCR駐日事務所の広報官である守屋由紀氏だ。守屋氏は1996年にUNHCRに入る。当時のUNHCRのトップが、日本人として、また女性として初の国連難民高等弁務官となった緒方貞子氏だった。当時、ジュネーブに単身赴任していた緒方貞子氏が日本に帰国する際は、守屋氏がアテンドを担当して、宮内庁や総理大臣などとの間をつないだこともある。

2006年のある日、ファーストリテイリングから電話があった。「自分たちは服を販売している会社で、お客様の着られなくなった服を回収している。十分着用できるものがあるので、難民支援に使ってもらえないか」。ファーストリテイリングの、当時CSR部に所属していてユニクロの全商品リサイクルに取り組んでいたシェル

UNHCR駐日事務所広報官の守屋由紀氏

バ英子氏がかけた電話をとったのが、守屋氏だ。ここから両者のパートナーシップが始まった。

服で支援するまでの難しさ

「難民支援の活動において、衣類はもちろん必要ですが、何でもいいというわけではなく、本当に現地のニーズに合った形で提供していただかないと難しいのです。そして輸送、保管、そして配布にも莫大なコストがかかります。そういうことを考え合わせると、それまで衣類を寄付したいというお申し出は、結果的にお断りすることがほとんどでした。ところが、シェルバさんは『お任せください！ 現地にも行きますし、運送料も払います、全部やりますから』と言ってくださったのです」（守屋氏）

　ユニクロの店頭で回収された服は、洗浄して清潔な状態にしたうえで、破損のあるものは寄付ではなくリサイクル用として

難民キャンプでの打ち合わせの様子

分別される。着用にまったく問題ないものだけを選別して、さらに寄付しやすい状態にするためには、複雑な分類が必要だ。

　まずサイズ別、そして色別に分類する。そして気候に合わせて、いわゆる夏服・冬服に分類。さらに、宗教的な理由で肌を見せてはいけない地域もあるため、トップスは長袖・半袖やノースリーブ、ボトムはロング丈、ショート丈も区別する。カジュアルウェアで人気のある迷彩柄やドクロ柄などは当然、排除する。

　こういった分類のルールは、現地にニーズをヒアリングしながら、一つひとつ課題を解決していき、UNHCRとファーストリテイリングの協働のもと、ゼロから考え作り上げていった。いまでは寄付する衣類を18ものカテゴリーに分類するマニュアルができている。

　そして、服を届けた後も、届けた服がどういう風に役に立っているのかを確認しに、一緒に現地へ行く。届けた服が不正に転売されていないか、現地で捨てられごみを増やす結果になっていないか、ということまで確認しているという。

服の持つ力を実感

　「現場・現物・現実ですよね。そこはファーストリテイリングとUNHCR、お互いにすごく考え方の近いところです。難民の人たちが何を求めているかというのは、その場所、その時によって違うので、それを肌感覚で実感して理解するという意味で、現地へ同行していただくのはとても大事です」(櫻井氏)

　一緒に難民キャンプに服を届けていく中で、服の持つ力を改めて実感する経験もあった。

　「エルトリアからエチオピアに逃れてきた人たちのキャンプ

に行ったときは、8割ぐらいが男性で、緊張感があり、物騒な雰囲気でした。でも、ユニクロのカジュアルウェアに着替えてもらったら、表情が一変して、皆が笑顔になり、次々とファッションモデルのようにポージングをし始めたんです。新しい服を着ると気分が晴れやかになる、それは世界中共通なんだなと思いました。シビアな環境下だからこそ、余計に、着るもので人の気持ちが変わるということが目に見えたのだと思います」(シェルバ氏)

全社員巻き込み型の難民支援

　ファーストリテイリングで難民キャンプでの衣料配布に行くのは、サステナビリティ部のメンバーだけではない。年10人程度、本部や店舗の従業員が参加している。そして、実際に難民キャンプの人たちの生活を見てきた社員は、難民問題に対して自分のできることがないか考え、行動し始めるという。

　「UNHCRの多くのパートナー企業様は、難民支援の現場に自ら行くことは少ないですし、行かれたとしてもサステナビリティ担当

難民キャンプで衣料を抱える子供

難民キャンプでの衣料配付の様子

部署の方に限られます。ファーストリテイリングさんのように社内のあらゆる部署の方が参加されるというのは、他の企業様と大きく違うところだと思います。そして、日本に帰ってからも難民のことを忘れず、自分たちができることを考え続けてくださっています。これまでに私が名刺交換したファーストリテイリンググループの社員の方は、すでに80人以上になっています」(櫻井氏)

　参加者は帰国後、店長であれば率先して日本にいる難民を雇用するようになったり、店舗スタッフであれば衣料品回収が進むようお客様への声がけを積極的にするようになったりと、自身の担当業務の中での行動が変わる。そして、参加したスタッフがいずれ店長になり、ブロックリーダーになり、海外の事業責任者になり、社内で活躍の場を広げていくにつれ、難民問題への意識がより多くの従業員に伝播していくことになる。

全社が関わらないと、本当の支援はできない

　UNHCRのパートナー企業への活動報告も、通常はサステナビリティ担当部署に報告書を提出するのみだが、ファーストリテイリングに対しては定期的に、従業員向けの勉強会という形で行っている。それが、同時に難民問題についての啓蒙活動にもなっている。もちろん、はじめからそういう体制だったわけではなく、これも何年もかけて、社内に働きかけ変えてきたことだ。

　「たとえば難民の自立支援事業の一環で、2022年からバングラデシュで女性用の生理用品を作る技術指導を始めました。そうした取り組みは、生産部やデザイナーに参加してもらわないと実現できませんし、物を運ぶには当然物流部に協力してもらわないといけない。サステナビリティの部署のメンバーだけで実現できることは、少ないんです。全社が関わらないと、本当

ファーストリテイリング広報部部長サステナビリティ担当のシェルバ英子氏

の支援はできないということです。ですから、常に社内の色々な部署の人に関心を持ってもらって、自分の専門領域の中で何ができるのかを考えてもらうようにしないといけないと思っています」（シェルバ氏）

あるときの勉強会では、ユニクロのチャリティーTシャツの寄付金が何に使われたのか、UNHCRから報告された。すると、Tシャツの担当者から、「自分のやったことが、こうして役に立っているとわかり、嬉しい。これからも仕事を頑張ります」というフィードバックがあった。その声を聴き、UNHCR側もとても励みに感じ、ますますしっかりやっていかなければ、と気持ちが引き締まったという。

誰でも、自分の仕事には熱意や使命感を持っている。自分でやった仕事がどこかで誰かの役に立っている、あるいはもっと人の役に立てることがある、ということを知るのは、喜びであり、誇りに他ならない。お互いにその喜びや誇りを分かち合うところに、ファーストリテイリングとUNHCRのパートナーシップの原点があるのではないかと思う。

ユニクロ柳井正社長の、
難民問題との向き合い方

スピード感と一体感を共有するチームワーク

2023年3月5日の早朝7時半、UNHCR駐日事務所・民間連携担当官の櫻井有希子氏の元に、柳井正社長の指示を受けたファーストリテイリングの執行役員から電話が入る。「バングラのロヒンギャキャンプで火事があったようです。朝一で、被害状況と支援ニーズを調べてください」

この日バングラデシュ南東部コックスバザールにある少数派イスラム教徒ロヒンギャの難民キャンプで大規模な火事が発生していた。竹と防水シートでできたシェルターは次々と燃え広がり、約2000のシェルターが焼失、1万2000人が住まいを失うという大惨事だった。

これだけの規模の大事故であっても、このニュースが日本で大きく報道されることはなかった。そこで櫻井氏はUNHCR本部を通して、報道されていない情報まで入手し、急いで日本語に訳してユニクロ側に提供する。それ受け、ファーストリテイリングではすぐさま、自分たちに何ができるのかと議論に入る。

このスピード感と一体感が、ファーストリテイリングとUNHCRとの関係の緊密さを物語っている。

「ファーストリテイリングは、自社の事業のことと同じくらいの関心度と緊急度で、世界中の難民のことも情報収取されて

います。特に柳井社長は24時間働いているのではないか、寝ていないのではないかと思うほど、情報が早いですね。そして、同じチームとして、何をすべきか一緒に考えることに時間を割いてくださる。私たちにとっては、資金の援助以上に、そのことが一番の支援だと感じています」(櫻井氏)

難民はアセット（資産）であり、難民問題は社会全体のロス（損失）

難民への支援について、社内でも柳井正社長のリーダーシップはことのほか強い。コンベンションでも月度朝礼でも、ことあるごとに難民問題に言及する。

「柳井社長は、『人として生まれてきたからには誰にでも夢があり、チャンスがあり、活躍できる場があってしかるべきで、難民問題は人的資本のロスだ』と常々言っています。その機会が失われるということ自体が、その人自身の人生にとってのロスでもありますし、社会全体にとっても非常にマイナスなことだ、と。経営者としての問題意識が、難民問題に取り組む源泉になっていると思います」(シェルバ英子氏)

「残念なことですが、難民は社会のバーデン（お荷物）だと思っている方が多いのではないかと感じています。難民の人たちはかわいそうではあるけれど、自分がそれを負担していくのはおかしい、それはその人たち本人の問題なのではないか、と思っている方が多いのではないでしょうか」(櫻井氏)

「柳井社長は、難民はバーデンではなく、アセット（資産）でしかないと捉えていらっしゃいますよね。一人ひとりの能力や可能性が光り輝いて見えているのだろうな、と感じます。だから、世界中で1億人以上の人たちが自分のポテンシャルをフルに開花できない状態にあることを、本当に社会のロス（損失）と

して憂慮して、この地球規模のアセットをどうにかして活用できないかと考えておられます。難民を負荷ではないと明言される方は、経営者だけでなく、政治家でもなかなかいらっしゃいません」(櫻井氏)

柳井正社長に影響を与えた人

　柳井正社長が難民問題に取り組むうえで、大きな影響を受けた人物がいるという。それが、前任の国連難民高等弁務官で、2017年より第9代国連事務総長に就任したアントニオ・グテーレス氏だ。グテーレス氏は、2011年にファーストリテイリングとUNHCRがグローバルパートナーシップを締結した当時の国連難民高等弁務官であった。

　「グテーレスは本当に熱意の塊のような人で、来日して会談したときにも、柳井社長に、難民問題について一緒にどうにかして解決してほしいと、ものすごい熱量で語っていました。そして、グテーレスが国連難民高等弁務官を退任した後に、さらに国連事務総長になったことで、柳井社長は、誰よりも熱意をもって世界の平和を考えている人が、世界を変えていこうとしている姿を目の当たりにし、大きな影響を受けたということです」(守屋氏)

　グテーレス氏はもともとポルトガルの政治家で、国連難民高等弁務官になる前は、第114代ポルトガル首相、社会主義インターナショナル議長、欧州理事会議長などを歴任した。国連事務総長に決定したときには、日本の報道では「親日家であるグテーレス氏は……」と紹介され、柳井社長と握手している写真が使われることも多かった。それほど、近い間柄であったことがわかる。

ファーストリテイリング柳井正社長と国連事務総長アントニオ・グテーレス氏

朝日企業市民賞を受賞

　もう一つ、柳井社長が社会貢献、難民問題に取り組むうえで、励みになったであろう出来事がある。2006年から始めたユニクロの全商品リサイクル活動と、それによる難民支援が、2008年の「第5回朝日企業市民賞」を受賞したことだ。

　朝日新聞社が創刊125周年を記念して始めた「企業市民賞」は、企業そのものが社会の一員であることを自覚し、良き市民として行動するよう呼びかけるために設けられた賞だ。

　選考に当たって、朝日新聞社は「利益が出たときには派手な慈善や寄付をしても、不況になれば手のひらを返したように沈黙する。そんな企業よりは、社長から若手の従業員まで多くが参加して、できる範囲で活動を続けてきた会社こそ評価したい」とコメントしている。

RE.UNIQLO / REUSE

いま難民キャンプでは、子ども/ベビー服・ボトムス・アウターが
不足しています。皆さまのご協力を、よろしくお願いいたします。

全商品リサイクルを呼びかける店頭ポスター

　ユニクロの全商品リサイクル活動とそれによる難民支援は、
自社の事業の中で、一人ひとりの顧客の協力のもと、店舗の従
業員を巻き込んで、世界的な社会課題に貢献するという、本質
的かつ継続性ある取り組みという点で高く評価された。

　柳井正社長は、ファーストリテイリングの前身である小郡商
事を父親から引き継いだ際、経営者になるための心構えを書い
ている。そこには、まず「社会に良いことをする」と書いてある
そうだ。現在取り組んでいるすべてのことがはじめからできた
わけではないが、事業を始める当初から目指していたことを、
一つずつ、着実に積み上げてきて、今日のユニクロがあるのだ
と思う。

Chapter 05

国際問題を自分ごと化して
考えるためには

　あらためて「難民」とは、「人種、宗教、国籍、政治的意見など様々な理由で、自国にいると迫害を受けるおそれがあるために他国に逃れ、国際的保護を必要とする人々」を指すとされている。紛争や暴力だけでなく、気候変動や自然災害の影響により、故郷を追われた人は増え続けており、その数はすでに1億1000万人に達している。難民問題を自分ごととして考えるヒントについて、国連難民高等弁務官事務所（以下、UNHCR）の広報官である守屋由紀氏、民間連携担当官の櫻井有希氏に話を聞いた。

日本人初、女性初の国連難民高等弁務官、緒方貞子さん

　1991年から2000年の10年間、第8代国連難民高等弁務官を務めたのは、日本人女性の緒方貞子さんだ。緒方貞子さんは、日本人として初めて、なおかつ女性として初めての国連難民高等弁務官とい

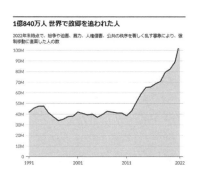

1億840万人 世界で故郷を追われた人

2022年末時点で、紛争や迫害、暴力、人権侵害、公共の秩序を著しく乱す事象により、強制移動に直面した人の数

出典：UNHCRグローバル・トレンズ・レポート2022

うだけでなく、強力なリーダーシップで各国の政府と交渉し、UNHCR史上初めての新しい難民支援の枠組みを作り出した。2019年に92歳でこの世を去ったが、笑顔で難民キャンプを訪れる緒方貞子さんの姿は、いまなお世界中から尊敬を集めている。

難民支援において、そういった偉大な功績を残した人を日本から輩出している一方で、一般的には日本は難民問題に関心が薄い、意識が低いなどと言われている。それはなぜなのだろうか。もちろん、難民が発生している国から日本は陸つながりではないので、物理的に、日本に来ている難民が少ないということも事実だ。

本来、日本人は難民に共感できる

「日本が難民支援に関心が低いかというと、必ずしもそうではないと思います。歴史を紐解いてみると、1970年代後半に始まった、いわゆるインドシナ難民※のときから、日本はずっと難民保護に協力していたのです。ボートピープルの中には、日本の九州のあたりにボートで到着する人たちもいましたし、遭難したボートを日本の船が助けて保護したりしていました。また、香港などで避難生活を送っていた人たちを日本をはじめ各国で受け入れる施策もあり、そういった人たちが1万1000人くらいいたんです。中には日本国籍を取得した難民の人たちもいましたし、いま日本にその第二世代、第三世代もいます」(守屋氏)

※1975年、インドシナ三国(ベトナム・ラオス・カンボジア)では相次いで社会主義体制に移行したが、新しい体制の下で迫害を受けるおそれのある人々や新体制になじめない人々がボートで海上へ逃れたり(ボートピープル)、陸路で隣国へ逃れた(ランドピープル)。これらの人々を総称してインドシナ難民といい、その総数は約144万人に達すると言われている。

「それに、日本は小学校や幼稚園の頃から災害教育や避難訓練をやっていますから、災害時には避難所に行くとか、リュックに水や懐中電灯を入れておくとか、避難ということを子供でも想像できます。ですから、そのもう少し先まで想像力を働かせると、難民の方が置かれている状況もわかるはずなんです。ただ、国境を越えて避難することの先に難民という状況があるという風に、リンクさせて考えるための教育やメディアの発信が足りていないのかもしれません」(守屋氏)

「やはりコミュニケーションの仕方によって、ずいぶん考え方が変わることがあると思うので、その領域ではメディアが担う部分は大きいと思っています。ファーストリテイリングのような企業が難民支援に加わっていただいていることで、その発信力に期待している部分もあります。発信が増えれば、おのずと関心も高まりますので」(櫻井氏)

リテールも難民支援も、「できない」とは言えない仕事

難民支援は、毎日毎日が緊急対応だという。たとえマニュアルがあっても、現場では何が起こるかわからない。そして、目の前の難民に「できません」とは言えない仕事だ。なんとかして、少しでもできることをやらずにいられない。それは、お客様を目の前にして、「できません」とは言えないリテールビジネスの現場と

ユニクロ店舗で働く難民のスタッフ
©UNHCR/Shinsuke Kamioka

116

よく似ている。そう考えると、リテール企業であるファーストリテイリングが難民支援に対して力を入れるのは、自分たちのやるべきことがイメージしやすかったのかもしれない。

「リテール業界では、店舗の従業員として難民の方を雇用してくださっている企業様はファーストリテイリング以外にもあります。たとえばコンビニエンスストアですと、すでに外国人スタッフがたくさんいらっしゃいますが、それが難民の方でもいいわけです。

一社だけで50人とか100人の難民を雇用するのだと負荷がかかりますが、たとえば食品小売りでもアパレル小売りでも、業界全体で人材不足を埋めていく取り組みとして、難民雇用の制度や仕組みができてくるといいのではないかな、と思います。商工会議所や、その業界の組合で取り組めば、1企業では1人だけでも、組合全体としては100人雇えるといった仕組みができてきて、そうすれば規模の大小にかかわらず、あらゆる企業が参加できる取り組みになるのではないかと思います。

そのほかに、たとえばユニクロだとお客様とコミュニケーションしながら難民支援していただく、チャリティーTシャツの販売というやり方がありますが、BtoCであってもBtoBであっても、各企業様の取扱商品やサービスを通じて取り組んでいただくことはできると思います。もちろんそれぞれ会社のカラーや業態が違うので、アプローチは違っていいんです」(櫻井氏)

「自分ごと化」するためには想像力が必要

2022年2月から始まったロシアによるウクライナ侵攻に対しては、日本企業からの寄付が異例なほど多かったのだという。

「日本はロシアやウクライナに進出している企業が多いんです。

左：ウクライナから避難する女性　©UNHCR/Zsolt Balla
右：ポーランドの避難所　©UNHCR/Valerio Muscella

　概算ですが、日本企業でロシアに進出しているのは約150社、ウクライナには約50社あります。今回のロシアのウクライナ侵攻でUNHCRに寄付いただいた日本企業が約150社あったのですが、つまり、ロシアやウクライナに対して、自分たちのビジネスと直結していると実感できる企業がそれだけあったということだと思います」(櫻井氏)

　その国に自分たちの従業員やビジネスパートナーがいたら、当然、人の心が動いて、自分ごととして考えやすい。しかし、そうでないとなかなか心が動かない。そういった意味では、ロシアやウクライナには、日本人や日本企業は「自分ごと化」して考えやすかった。その一方で、日本から進出している企業が少ない地域に対しては、支援が届きにくいという現実がある。

　企業だけでなく、メディアについても同じことが言える。

　「モスクワにはもともとメディアの駐在があるので、メディア側にナレッジもアクセスもありますが、たとえばアフガニスタンにはそれが少ないため、報道されるボリュームがまったく

左：チャドに避難したスーダン難民　©UNHCR/Colin Delfosse
右：シリア地震　©UNHCR/Hameed Maarouf

違ってきます。またトルコ、シリアの地震では、トルコ側は日本の企業もあり日本人もいて、メディアのベースもありましたが、シリア側にはあまりないので、シリアについての報道は少なかった。そのように、報道も決して平等ではありません。ものごとを自分ごととして考えるためには、やはり想像力を働かせることが必要なのです」（櫻井氏）

「難民は社会のアセット」という言葉を、取材を通して何度も聞いた。もちろん、難民でなくても、様々なバックグラウンドのある誰もが社会のアセットだ。難民が一人ひとりの人生を生きられる社会を考えるということは、同時に、誰にとっても社会に参加して活躍できる世界を作っていくことなのだと思う。

ACTION
06
Disaster

2011年3月11日に発生した東日本大震災。未曽有の規模の震災により、発災直後には47万人の避難者が生活に困窮していた。地震発生直後、交通も規制され輸送網も壊滅状態、自治体も被災し機能していない中で、何をどう判断して動いたのか――。また、ヨーロッパにおいては、ウクライナやシリアからの難民支援、そして新型コロナウイルス感染症の発生時に、どのように対処してきたのか。スピード感あふれるユニクロの「災害緊急支援」をヴィヴィッドに伝えていく。

Chapter 01

東日本大震災の被災者支援
から学んだこと

3月11日東日本大震災の発生

　2011年3月11日は金曜日だった。14時46分に三陸沖で発生した巨大地震は、東日本各地で大きな揺れによる建物の崩壊や火災、大津波を引き起こし、それに伴う福島第一原子力発電所の事故が発生するなど、被害は連鎖的に拡大した。

　ユニクロではその週の水曜日に、世界中の社員が集結するコンベンションが開催されており、その日も出張者を含む数千人の社員が東京・六本木のタワービルにあるオフィスに集まっていた。東京でも最大震度5を記録、揺れが収まった後も都内の公共交通機関が機能しなくなり、多くの社員は自宅あるいは宿泊しているホテルまで徒歩で帰り着いた。そして、その夜のニュースで、東北地方の甚大な被害状況を知った。

ユニクロの服はライフライン

　広報部部長でサステナビリティを担当するシェルバ英子氏(以下、シェルバ氏)は、その週末のことを、こう振り返る。

　「土日の間に、カスタマーセンターにお客様からものすごい数のメールと電話が来ていました。『ユニクロから東北に服を送ってほしい』『ヒートテックを届けてほしい』という声が、文

字通り殺到したんです。被災地の方からも、そうでない方からも、切羽詰まった声が寄せられ、ユニクロの服をライフラインの一つとして捉えていただいているように感じました。ユニクロでは、カスタマーセンターに届くお客様のお声は、毎日全社員に共有されていますから、当然、皆がそれを見ていました。それで、土日の間に関係部署と連絡を取り合って、月曜には会社として方針を発表しなければ、と準備していたのです」(シェルバ氏)

震災後わずか3日後の決定と行動

そうして迎えた翌週3月14日、月曜早朝の会議。

柳井正社長が開口一番に「いますぐできることとして、僕はまず個人で10億円を寄付します」と発言すると、その切迫した口調から、一瞬にして、全員が自分たちのとるべきスピード感と規模感を悟った。そして、その場で、多額の現金と大量の衣料品の寄付が決定したのだ。

その規模は、特に被害の大きい宮城、岩手、福島、青森、茨城の各県に対して、ファーストリテイリンググループから3億円、全世界のファーストリテイリンググループ従業員から1億円、柳井社長個人からの10億円と合わせ、総額14億円の義援金を寄付するというものだ。またヒートテック30万点をはじめ、肌着、アウター、ジーンズ、タオルなどの衣料約100万点を寄贈することも決定し、このことは被災地にもいち早く届くよう、その日のうちにメディアを通し発表した。

ユニクロのこの判断と行動の早さには、あらためて驚かされる。

海外での衣料支援で培ったネットワーク

　衣料を寄付すると決まったものの、100万点の衣料をどのように現地に届け、配布するかが問題だった。現地は広範囲に被災しており、道路も寸断・封鎖され輸送網も壊滅していた。自治体自体が人も建物も被災し、機能していなかった。寄贈する衣料を届けるには、自分たちで現地に近い倉庫まで持って行くしかない。

　運よく、以前から交流のあった独立行政法人JICA（国際協力機構）の福島にある体育館を借りることができた。とにかく早く、という一心で、第一便はサステナビリティ部の社員たった5人で、10トントラック5台分（段ボール約1000箱分）の衣料を運び込んだという。

　「情報が錯綜している中、難民支援を通じて関係ができていた国際NGOのJENさんや、海外の被災地支援の際にお世話になったNPOの方たちが東北入りするという情報が入ってきました。それから、彼ら経由で、この避難所にはこれが必要だとか、ここの道路が通行再開するというような情報が少しずつ入ってくるようになりました」（シェルバ氏）

倉庫に運ぶだけでは被災者には届かない

　「その後、仙台市の所有する倉庫をお借りできたのですが、そこは備蓄用倉庫で、大量の乾パンやオムツなどが山のように積まれているものの、保管しているだけで出荷する人がいない状態でした。せっかくそこまで運び込んだユニクロの服も、倉庫に眠ったままになるのは目に見えていました。そこで、倉庫まででではなく、避難所まで届けるという方針に切り替えて、倉庫

に積んだままになっていた生活物資も、服と一緒に届けることにしました」(シェルパ氏)

避難者への衣料配付の様子

震災発生からわずか1週間後、全社員に向けて、被災地へユニクロの服を届けるボランティアを募る呼びかけが始まった。そして翌週末から、ボランティアに参加する社員20〜30人が現地に衣料物資を届けに行き始める。その中には、コンベンションで東京に出張している間に地震に遭い、そのまま東京にとどまったニューヨークからの出張者もいた。

自分たちの手で、ユニクロの服を届ける

ボランティアに参加した一人で、当時MD(マーチャンダイジング)部でメンズのボトムを担当していた岡田恵治氏(以下、岡田氏)は、当時を振り返る。

「まだ東北新幹線も復旧していない状況ですから、毎週木曜日の夜、仕事を終えた後に六本木からレンタカーを借りて、皆で分乗して東北に向かうんです。その晩は被災の少なかった山形のビジネスホテルに宿泊して、翌朝早くから福島や宮城の倉庫に行き、手配してあったトラックにユニクロの服と支援物資を積めるだけ積んで被災地へ向かい、避難所を回って物資を配りました」(岡田氏)

「現地に行ってわかったのは、配布先リストに載っている避

難所は比較的大きなところだけだったということ。車で移動していると、小さいお寺に避難している方や、事情があって倒壊しかけた自宅にとどまっている方もいらっしゃって、そういう方々にはまったく支援が届いていなかったのです。避難所にいる方から、『山の上にも避難している人がいるから、行ってあげてほしい』と言われることもあり、時間が許す限り、車を走らせました。今回行かれなかった、あの先にも支援を待っている方がいらっしゃるのではないかと思うと、また翌週も行かずにはいられませんでした」(岡田氏)

　岡田氏は、それまでMD部の業務に忙殺されていて、会社の社会貢献活動には関心がなかったという。しかし、一度現地に行ってからは、何回も被災地を訪れるようになった。その体験がきっかけとなり、ついには自らサステナビリティ部への異動希望を出した。現在はサステナビリティ部でグローバル環境マネジメントチームのリーダーとなっている。

ファーストリテイリング サステナビリティ部グローバル環境マネジメントチームでリーダーの岡田恵治氏

緊急支援から復興応援、自立支援へ

　毎週末の衣料配布ボランティアは、本部の社員が代わる代わる参加して半年間続き、1年間で120万点の衣料を配布した。

　そして1年後の2012年3月より、ユニクロの被災地支援は寄付中心の「緊急支援」からフェーズを変え、自立支援、雇用創出、コミュニティ再建などを目的にした「ユニクロ復興応援プロジェクト」を立ち上げる。プロジェクトの目玉は、3月11日に、被災地にユニクロの仮設店舗をオープンすることだ。

　実は社内では、服の無償配布をもっと続けた方がいいのではないかという意見もあった。しかし、1年間被災地に通って、被災した現地の人々の反応が変わってきていることも肌で感じていた。

　出店開発部のエキスパンションマネージャーで、当時東北エリアを担当していた伊藤晃氏（以下、伊藤氏）は、その変化をこう語る。

　「衣料配布を始めた頃は、皆さん、もらえるものは何でもありがたい、と言ってくださっていました。でも、だんだんと、自分の好みのものを着たいとか、自分で選びたい、という声が聞かれるようになってきました。本来、服を着る喜びとは、与えられたものではなく、自らで欲しい服を選んで着るところにあるんだと思うんです。ですから、そういう声を聴くことで、むしろ被災された方が、少しずつ、本来の姿を取り戻りつつあるように感じました。それであれば、我々の支援の在り方も、より通常モードに近づけていくことが必要なのではないかと考えるようになっていったのです」（伊藤氏）

自らも避難所で一夜を過ごして

　実は震災のあったとき、伊藤氏は出張先の仙台で商談中だった。近くの中学校の体育館に避難して一晩を明かし、翌朝レンタカーを借りて、封鎖された道路を避けながら何時間もかけて山形空港までたどり着いた。山形空港でもう一晩過ごし、東京に帰ってきたのは2日後の日曜日だ。

　翌週末から、被災地に服を届けるボランティアが始まり、伊藤氏もすぐに参加した。

　「私はそこに一晩しかいなかったのですが、雪も降っている中寒い体育館で、被災された方々が身を寄せ合いながらわずかな食料や水を分け合って耐えていました。その姿を思うと、居ても立ってもいられない気持ちでした」(伊藤氏)

出店開発部出店開発チームエキスパンションマネージャーの伊藤晃氏

ユニクロ気仙沼仮設店舗オープンの様子

1年後の3月11日に被災地に仮設店舗をオープン

　そして1年後の2012年2月初旬、ユニクロ本部で行われていた「復興支援会議」で、3月11日に被災地に仮設店舗をオープンさせることが決定する。お客様の立場から出店の要望があったことも大きいが、もう一つの目的は、現地で雇用を生み出すことだ。しかし、わずか1カ月で立地選定、許認可、施工しなければならない……伊藤氏は、どう考えても不可能だと思ったという。

　「ところが、何もなくなった土地にユニクロの店舗を作ります、どうにか3月11日に間に合わせたいので協力してください、とお願いして回ると、地元の方も、行政も、施工会社さんも、皆さん知恵を絞って、協力してくださったのです。関係者皆さんの気持ちが一つになりすべてが結びついたことで、奇跡的に、1カ月で出店することができました」(伊藤氏)

　その結果、2012年3月11日には、気仙沼と釜石に、ユニク

ロの仮設店舗2軒が同時オープンした。押し寄せたお客様は、口々に「お店を出してくれてありがとう」と店舗のスタッフに声をかけていった。

まだまだできることがある

　東日本大震災の発生後は、ユニクロでも多くの店舗が相当期間の休業を余儀なくされた。当時は社内に大規模災害対応のマニュアルなどもなかったため、とにかく目の前のことに対して皆ができる限りのスピードで対処した。そこには企業のもつフィロソフィと、リテール特有の反射神経が働いたといってもいい。しかし、一方で、被災地近隣のショッピングモールでは、同様に被災する中で震災後すぐに2500人もの被災者を避難所として受け入れていた。当時、伊藤氏はそれを見て、自分たちはまだまだだ、もっとできることがあるはず、と思ったという。自分たちのやっていることに満足しない、その思いが、次へのアクションとなるのだろう。

Chapter 02

ヨーロッパでの避難民支援
とコロナ対応

服が格差や不平等をもたらす現実

　ヨーロッパでのサステナビリティ活動のキーパーソンは、UNIQLO EUROPE LIMITEDのサステナビリティ責任者であり、現在ファーストリテイリング環境マネジメントチームも兼務しているマリア・サモト・レドゥ氏だ。

　レドゥ氏は、2012年にロンドンでユニクロに入社した。コペンハーゲンに生まれ育ち、子供の頃から環境問題、社会的平等について学ぶ機会が多かった。コペンハーゲン大学に進み、交換留学で1年間、日本の早稲田大学で学んだ経験もある。その後、ロンドン大学東洋アフリカ学院(SOAS University of London)で修士号を取得、外務省から奨学金を得て、第三国でドキュメンタリーフィルムを制作していたという、異例の経歴の持ち主だ。

　撮影で訪れた中央アフリカで、ある村に滞在していたとき、学校に着ていく制服がないために学校に通えないという子供たちがいることを知った。自分は当たり前に服を着ることのできる環境にいたので、それまで考えたこともなかったが、服というものが不平等や格差をもたらすという現実に直面し、ショックを受けたという。

UNIQLO EUROPE LIMITED サステナビリティ責任者のマリア・サモト・レドゥ氏

「服で世界を良くする」という考え方に共感

　ロンドンの大学に戻ってきた頃、リクルーティングセッションのために、ユニクロ ヨーロッパの人事責任者とエリアマネージャーが大学にやって来た。彼らの話を聞いて、「服で世界を良くする」というユニクロの考え方に共感し、このような企業の中で働けば、個人で何か活動するよりも早く大きな影響力を世の中に発揮するチャンスがあると考えて、入社した。

　「実は私は、子供の頃に母方の親戚の住む日本の熊本県で、ユニクロの店舗を見て知っていました。その店舗は九州の典型的なロードサイドストアでした。その後、ロンドンの大学で学んでいるときに、ちょうどロンドンやパリにユニクロのグローバル旗艦店ができ、その変化と進化に驚いて注目していたのです」（レドゥ氏）

ユニクロに入社してからは、まず店舗スタッフとして店舗運営を学んだ。1年後、ユニクロが初めてドイツに新店をオープンすることになり、レドゥ氏はその店長としてベルリンに移った。「入社当初から、いつか新店の立ち上げに携わりたいと考えていたんです。2012年には、EUではユニクロはUKとフランスにしかなく、ドイツは3つ目の市場参入でした」。

　その後5年間、ドイツで店長やエリアマネージャーを努めた。

シリア難民への支援を通して

　レドゥ氏がドイツに移って3年目の2015年、シリアでの内戦が深刻化し、翌年1年間で100万人のシリア難民がドイツに避難してくる事態となった。ベルリンにも200以上の緊急難民キャンプができ、レドゥ氏が店長を勤めていたユニクロの店舗の近くにも難民キャンプができた。何もしないわけにはいかなかった。当時、店舗運営を通じて地域コミュニティとつながりがあり、近隣のチャリティー団体とも交流があったので、まずは難民キャンプに住む人たちに、ユニクロの服を寄付することか

シリア難民のアブドゥール氏

ら始めた。

　しかし、避難民が長い間ドイツにとどまることになるのは目に見えていた。次第に、長期的な支援をしないといけないと考えるようになり、店舗スタッフに難民を積極的に採用するようになった。

　「当時採用したシリアからの難民の一人、アブドゥールさんは、その後ベルリンの旗艦店でSV(スーパーバイザー)として活躍しています。一緒に日本に出張してコンベンションに出席し、全世界のファーストリテイリンググループ社員の前でスピーチする機会もありました。いわれなく国を追われ、何の補償も、住むところさえなかった人が、自分の力でキャリアを形成し、生活の質を上げ、人生を楽しむことができている。自分がその手助けをできたことが嬉しいですし、何より彼らのことを誇らしく思っています」(レドゥ氏)

ヨーロッパでのサステナビリティ活動

　2016年、レドゥ氏はサステナビリティの領域でもっと自分の力を発揮したいと考え、それまでユニクロヨーロッパにはなかったサステナビリティ専門の部署を立ち上げた。はじめは店舗運営を兼任しながら、たった一人のチームだった。以来、8年が経ち、2024年1月現在、サステナビリティ担当者はヨーロッパ全体で15人に増えた。

　ヨーロッパでのサステナビリティ活動の中で、災害支援活動の大きな柱は、まず、直近ではトルコ地震があったように「自然災害の被災者支援」、また、ウクライナやシリアに代表される内戦や紛争による「難民支援」、そして2020年からの3年間は「新型コロナウイルス感染症への対応」である。

郵便はがき

１０２８６４１

東京都千代田区平河町2-16-1
平河町森タワー13階

プレジデント社

書籍編集部 行

フリガナ		生年（西暦）	
			年
氏　　　名		男・女	歳
住　　　所	〒		
	TEL　　　（　　　　）		
メールアドレス			
職業または 学　校　名			

この度はご購読ありがとうございます。アンケートにご協力ください。

本のタイトル

●ご購入のきっかけは何ですか?(○をお付けください。複数回答可)

　1 タイトル　　　2 著者　　　3 内容・テーマ　　　4 帯のコピー
　5 デザイン　　　6 人の勧め　7 インターネット
　8 新聞・雑誌の広告（紙・誌名　　　　　　　　　　　　　　　　　）
　9 新聞・雑誌の書評や記事（紙・誌名　　　　　　　　　　　　　　）
　10 その他（　　　　　　　　　　　　　　　　　　　　　　　　　）

●本書を購入した書店をお教えください。

　書店名／　　　　　　　　　　　　　　　（所在地　　　　　　　　）

●本書のご感想やご意見をお聞かせください。

●最近面白かった本、あるいは座右の一冊があればお教えください。

●今後お読みになりたいテーマや著者など、自由にお書きください。

どうもありがとうございました。

パートナーである物流倉庫での支援物資の準備作業

新型コロナウイルス感染症への緊急対応

　新型コロナウイルス感染症は、当初中国で発生したが、次に感染が広まったのはイタリアだった。2020年2月末にはイタリア北部がロックダウンし、ほかの国もそれに追随した。ちょうどレドゥ氏もイタリアに拠点を置いて働いていた時期で、何カ月もの間、まったく外出ができなくなった。

　感染症の蔓延するスピードは恐ろしく速く、すぐに病院もいっぱいとなり、高齢者がどんどん亡くなっていった。その中で、お客様からユニクロへ支援を求める声が増えていった。「医療従事者へ着替えを送ってほしい」「ユニクロでマスクを作れないのか」と。

　そこで、日本の本部と連携し、マスクを作って医療従事者に

寄付することを決めた。しかも、ロックダウンの状況下である。リモートだけでミーティングを重ねることも初めてなら、そもそもユニクロとしてマスクを作ることも初めてだった。そこで、ユニクロの服を作っている中国の生産パートナー工場の協力でマスクを生産してもらい、まずはイタリアの医療従事者たちに寄付した。

　マスクが生産できるまでは、すでに物流に在庫のあったエアリズムインナー(吸湿速乾機能のあるインナー)を寄付した。当時、ヨーロッパ全体で物流網が混乱している中で、服を届けることができたのは、普段から物流会社とのパートナーシップができていたからだ。彼らも何か社会のために貢献したいと考えていたため、ユニクロからの物資の寄付に関わる費用は、すべて無償で引き受けてくれたのだという。

　「緊急支援においては、UNHCRなどの国際的に大きな組織

UNHCRが設置したポーランドのBlue Dot テントにて

とのパートナーシップももちろん重要ですが、それ以上にローカルのチャリティー団体との関係、そして物流会社との良好な関係が重要なのです。それが日頃からできているからこそ、迅速に対応することが可能となります。ユニクロはすでにヨーロッパでも、災害時などの緊急支援に迅速な対応をしている企業として知られており、お客様からもそれを期待され、要望が集まりやすいのです」(レドゥ氏)

　こうして、EUから始まったマスクの寄付はその後世界中に広がり、ユニクロは2021年8月31日までにマスク1774万枚、エアリズムマスク456万枚、アイソレーションガウン(医療用の軽量で撥水性のある不織布製ガウン)143万着、エアリズムインナー50万着、それ以外のインナーウェア134万着のほか、金銭的支援も315万米ドルを35の国や地域に寄付した。

ユニクロだからできること

　「私たちの強みは、やはり服を通じて社会に貢献するという高い使命感と、そして良い商品、機能的な商品をもっていることだと思います。ユニクロの作るLifeWear、あらゆる人の生活のために必要な服は、困難な状況にある人にとっては、より必要不可欠な服になります。そして、店舗でお客様を目の前にしていると、常にスピード感をもって動くことがマインドセットされています。お客様と地域の人のことを考え、その期待に応えようとするマインドで、そのまま、人道支援や災害支援ができていると思います」(レドゥ氏)

　難民に服を寄付することも、自立した生活を送る手助けができるのも、自分が店舗運営をしていたからこそ可能となった。

世の中の困難を少しでも解決するために自分の力を発揮するチャンスを求めて、ユニクロに入社したのは間違いではなかった、とレドゥ氏は感じている。

今後さらに力を入れていきたい災害支援

「残念ながら、いま気候変動、社会問題の起こる頻度が高くなっています。その影響を最小限に抑えるためには、事前の計画と長期的な取り組みが必要だと思います。長期的な取り組みとしては、根本原因に対する対策も必要なので、たとえば気候変動に対して投資する、再生エネルギーを使う、持続可能な農業や森林を保護する、災害の後の地域の復活を早くする支援……などなど、やるべきことは山積みです。ユニクロはすでにグローバルでコラボレーションする体制もできているので、もっと社会の役に立てると思っています」(レドゥ氏)

2月22日はレドゥ氏の誕生日だ。しかし2022年の誕生日は、その直後からロシアによるウクライナへの軍事侵攻が始まり、忘れられない日となった。その日は木曜日だったが、レドゥ氏はすぐさま寄付するための商品を倉庫に用意し、翌週の月曜には5万点の服をトラックに積んで、ハブであるポーランドまで輸送し、ヨーロッパ各地に避難している人々に届けたという。

このスピード感は、まさに東日本大震災のときの緊急支援の状況

「ユニクロはもっと社会の役に立てる」と語るレドゥ氏

と重なる。

　日常業務ではない、緊急時の判断とアクションにこそ、企業のDNAが表れるのだと思う。

ACTION
07
Products

企業のサステナビリティ活動は本業とは別のところで行われることが多いが、ユニクロは本業である、自社で商品を作り販売することを通して、世の中を良くしようと考えている。ファーストリテイリンググループ全体の1年間の販売数量は、実に13億点（2021年度現在）にも上り、毎年これだけ大量のユニクロの服を地球上に流通させていることの責任は重大だと考えている。メイン商品であるジーンズ、カットソー、ダウンの生産工程におけるサステナビリティへの挑戦、服に第二、第三の人生を与えるリメイクサービス、そして原材料や労働環境への取り組みなど、商品に関わる様々な取り組みについて取材した。

Chapter 01

水使用量を99%削減した
ジーンズをロサンゼルスで開発

環境に配慮し、作る人にも優しいジーンズを発表

　ジーンズを作る工程では、大量の水を使う。ほかのアパレル製品と違い、ジーンズは製品になった後に「洗い加工」というプロセスが入るためだ。そのため日本国内のジーンズメーカーも、排水処理の問題には早くから取り組んできた。

　2018年、ユニクロは、ジーンズの仕上げ加工工程にナノバブルやオゾンでジーンズを洗うウォッシュマシーンを採用し、従来の生産方法に比べ、仕上げ加工時の水使用量を大幅に削減できる技術を開発したと発表した。

ジーンズイノベーションセンターで作られたジーンズのサンプル

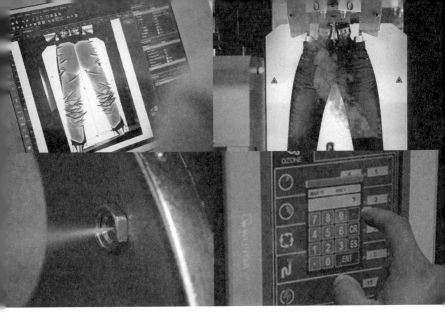

ジーンズイノベーションセンターのジーンズの加工工程

　これにより、ジーンズの加工工程で使用する水の量を、従来
に比べて最大99％、平均90％以上（ユニクロの2017年メンズレギュ
ラーフィットジーンズと2018年同型商品を比較した場合）カットする
ことに成功。この技術の導入による水の削減量は、2020年に
生産した約4000万本のジーンズ（2021年以降のジーンズ生産量は公
表されていない）で試算すると、従来の生産方法に比べて約37億
リットル、国際基準プールの容積で換算すると約1500杯分に
相当する量の水使用量の削減となるという。

　ジーンズイノベーションセンターCOOの松原正明氏が説明
する。
　「ストーンウォッシュに使用する軽石も、摩耗しにくい人工
石に変えることで、水質汚染も軽減することができました。そ

レーザーにより経年劣化を再現したジーンズ

の後さらに技術の進化があり、いまでは人工石を使用したプロセス自体を行っていません。また、ジーンズのリアルな経年劣化を再現するため、従来は手作業で行ってきた『擦り』の工程は、レーザー技術を導入することで、格段にスピーディで高いクオリティが実現できるようになりました。これにより、作業をする人の負担が大幅に軽減できたのも大きな成果だと思っています」（松原氏）

　これらのテクノロジーを集結させて開発した新しい基準のジーンズを、ユニクロは「ブルーサイクルジーンズ」と呼んでいる。ユニクロでは、このブルーサイクルジーンズも従来のものと値段を変えずに販売している。工程の無駄を省くことで、開発にかかったコストをすべて吸収しているそうだ。

ジーンズイノベーションセンターとは

　松原氏は、国内のジーンズ専業メーカーに勤めた後、ロサンゼルスに渡り、プレミアムジーンズのファクトリーブランドに転じた。ユニクロに入社する以前に、すでにジーンズのデザイナーとして20年の経験を持っていたプロフェッショナルだ。

　松原氏の経験と、ロサンゼルスで培ったネットワークがそのまま生かされ、入社と同時にジーンズイノベーションセンターの準備が始まった。

ファーストリテイリング ジーンズイノベーションセンターCOOの松原正明氏

　ジーンズイノベーションセンターは、ジーンズの生産をする工場ではなく、あくまでジーンズの研究開発のための施設だ。ものづくりをする人にとって、このうえなく贅沢な環境といっていい。そこでは素材、デザイン、縫製、洗い加工などのサンプルを作り、そのレシピを開発して、製品を作る世界中の工場に提供している。工場によっても国によっても水や使用する薬品が違うため、センターのメンバーが現地に赴き、目指すものが出来上がるよう調整していく。

　新商品を開発するだけでなく、現在ファーストリテイリンググループの全ブランドのデニムのすべてのモデルに対してディレクションしている。

　「ジーンズイノベーションセンターができたから、そこで画期的な技術革新が生まれて、それによって環境に配慮したジーンズができたわけではないんです。技術的には、それぞれのメ

ジーンズイノベーションセンター外観

ーカーやファクトリーがこれまで進めてきたことです。ただ、僕たちジーンズイノベーションセンターでは、洗い加工だけではなく、素材の開発から、縫製技術も含めて一貫して開発しているので、それらの技術や情報を結集させて、その結果としていいものが作れている。ジーンズ業界の中でも、こんな環境はほかにはないと思います」(松原氏)

ロサンゼルスだからこそできること

「ジーンズの開発拠点をロサンゼルスに作りたいというのは、当初から柳井社長が持っていた構想でした。実際にそこでどういうことをやっていくか話し合う中で、ジーンズの価値観を変えて、サステナブルなものづくりを目指していくということにフォーカスされていきました」(松原氏)

もともとジーンズ発祥の地である米国カリフォルニア州のロサンゼルスには、グローバルでジーンズを作るための環境があった。デニムの生地メーカー、縫製工場、加工工場が揃っていて、同時に一大マーケットでもあり、ジーンズ作りにまつわるあらゆる情報が世界中から集まってくる。そして、サステナブルなものづくりにおいても、ロサンゼルスという立地が大きく影響している。

「カリフォルニア州は日本のように水が豊富にはない地域ですから、水問題が常にありました。そして、ロサンゼルスのジーンズ業界全体が、サステナブ

様々なマシーンが並ぶジーンズイノベーションセンター内部

ルなものづくりということに向かっていました。ジーンズを洗うウォッシングマシンの会社や薬品メーカーも含め、すでに業界全体でそういった研究を始めていたのです。僕がユニクロに入社した2015年当時、日本のジーンズ業界ではまだそういった雰囲気はなかったので、やはりロサンゼルスは環境が整っていたと思います」(松原氏)

　環境負荷の少ない商品開発に対しては、もちろん、水の使用量削減以外のアプローチにも取り組んでおり、たとえばファスナーに使っているテープは、すでに100%リサイクルポリエステルになっている。縫製糸は、通常ポリエステルのコア(芯)に綿を巻き付けて作るが、そのコアの素材もリサイクルポリエステルだ。ボタンの真鍮部分はリサイクルマテリアルに変え、メッキを加工するとき使う水も削減した。

　「ジーンズはほかのアイテムに比べて部品が多いため、それらの部品も含めて取り組まないといけません。最終的には、最も環境に配慮したジーンズというのを、どこよりも先駆けてやりたいと考えています」(松原氏)

難しいのは、技術より意識の共有

　サステナブルなものづくりを実現するにあたり、最も難しいのはどういうことなのだろうか。

　「一番難しいのは、なぜ水を削減するのかとか、なぜ無駄を省くのか、という意識を、社内外含めて共有することです。ジーンズの業界、ものづくりの世界は、手をかければかけるほど良いという考え方があります。かつては僕もそう考えてやってきましたし、いまでもそういう面もあると思います。だから、いかに手をかけずに良いものを作るかという考え方を共通で持つということは、簡単にはいきませんでした」(松原氏)

　長い付き合いのパートナー工場であれば、まずトップに自分たちのやりたいことを理解してもらってミッションを共有する。同時に、現場にも入って皆と一緒に作業もする。松原氏は長年ファクトリーブランドにいたので、現場とのコミュニケーションはやりやすかった。ただ、それでも「水の削減もわかるけれど、そうは言っても……」という声も聞こえてきたという。

ジーンズイノベーションセンターでの打ち合わせの様子

ジーンズはかっこよくなければいけない

　「それを解決する方法は、最終的にはやはり、いままでよりかっこいいものを作って見せる、それしかないと思っています。やはりジーンズはかっこよくなければいけないですから。いくら水を削減した、サステナブルだ、といっても、かっこよくないものを見せたところで、作る人も着る人も、誰も納得しません。その方法でちゃんといいかっこいいものを作って、それをみんなに見せて納得してもらうしかないんです」(松原氏)

画期的なことより、正しいことをやりたい

　「自分はジーンズが好きで、ジーンズしかやってきていない。だから、もっとたくさんの人にジーンズをはいてもらいたいと思っています。たくさんのお客様に同じクオリティのものを提供したいと考えると、絶対に無駄をなくした方がいいし、少ない工程で作った方が品質も安定します。けっして画期的なことではないですが、単純に、それが正しいと思ってやっています」(松原氏)

　松原氏の入社がなければ、ユニクロのジーンズイノベーションセンターは構想に終わっていたのかもしれない。そう思ってしまうほど、松原氏の存在感は大きい。しかし、本人はいたって謙虚に「これは僕たちだけでやったことではない」「それもパートナー企業や工場があってできたこと」という言葉を繰り返す。こういう形のリーダーシップこそが、新しいスタンダードを生み出していくのだろう。

金メダリストにも支持された
再生ポリエステル素材ドライEX

色々な人と仕事することでボーダーを超える

　ユニクロ 商品本部グローバルMD部部長・小森田真也氏は、学生のときに1999年のユニクロのフリースブームを見て、2001年に新卒入社した。店長を経験した後、自らの希望で2005年に本社に異動、2年間のニューヨーク赴任時代も含め、18年間、MD（マーチャンダイザー）一筋である。

ユニクロ 商品本部グローバルMD部部長・小森田真也氏

左：2022年、誕生から20周年を迎えた「UT」20周年ロゴ、右：原宿にあった「UT STORE HARAJUKU.」

　マーチャンダイザーと言えば、「いつ、何を、どのくらい売る」という商売の根幹を組み立てる役割だが、小森田氏はそれにとどまらず、現在は社内外の様々な人・組織とプロジェクトを組んで新しい事業を構築していく、いわば旗振り役を務めている。

　たとえば、2020年には、フリースの発売25周年を記念し、ニューヨークを拠点に活躍するファッションブランドEngineered Garmentsとのコラボレーションを発売した。また、グラフィックTシャツのブランド「UT」では常に国内外の多くのアーティストとコラボレーションしており、昨年2022年には、そのコラボ相手の一人である河村康輔氏を「UT」のクリエイティブディレクターに迎えた。

　2023年には、やはり「UT」でコラボレーションしているアーティスト花井祐介氏と一緒に、街のごみを拾うイベント「スポGOMI」も行った。また、ユニクロのグローバルブランドアンバサダーである一流アスリートたちに提供するユニフォームの開発も、小森田氏の率いるチームで行っている。

　「商品をもっと魅力的なものにしていこうとすると、どうしても色々な壁やボーダーにぶつかります。そこを超えていくた

めには、自分の部署や自分の会社の中でものを作っているだけではダメなんです。やはり社内でも社外でも、たくさんの方の力を借りながらでないと、そのボーダーを超えていくことはできないので、自然と色々な人と仕事するスタイルになっていきました」（小森田氏）

生活の不便や社会の課題を服で解決する

　小森田氏は、MD部では様々な商品カテゴリーを担当してきたが、総じてみるとカットソーを担当する期間が長かった。

　「カットソーは人々の生活の中で、最も日常的に着る機会が多い素材です。だからこそ、良いものを作ればお客様の生活を良くすることができる。ヒートテックやエアリズムがそうだったように、生活の不便や社会の課題を服で解決できる、と思っています」（小森田氏）

再生ポリエステルを使用した「ドライEX」を開発

ドライEXを使用したポロシャツ

カットソーはファスナーやフックなどの部品をほとんど使用しないため、リサイクル素材を取り入れやすい。サステナビリティへの挑戦の第一歩として、カットソー商品に使用しているポリエステルに再生ポリエステルを取り入れることから始めた。それが、グローバルブランドアンバサ

ダーも使用しているスポーツウェア向けのファブリック、ドライEXだ。

　ドライEXとは、汗を素早く吸収して拡散させる生地構造で肌面に汗が残りにくく、サラサラ感が続く機能性素材だ。さらに人体工学に基づいて、汗をかきやすい部分にメッシュ素材を配置することにより通気性を向上させている。

　再生ポリエステルは、回収された使用済みペットボトルをリサイクルして作られる。もともと廃棄されているものを使うのでコストがかからないと思われがちだが、実際は、ペットボトルを洗浄したり、チップに加工する工程が入ることによって、バージンポリエステルよりも高コストになってしまう。そしてバージンポリエステルと比べ、繊細で糸が切れやすく、色がなかなか染まりにくいなどの難点もある。

　開発の当初、こだわったのは、日本製ペットボトルから作られたチップを使うことと、異物を除去する技術だ。日本製のペットボトルのよさは、着色されておらず、非常に再生産しやすいということ。さらに、新開発した異物除去技術により純度を高め、白の白色度の高いチップができる。特にドライEXは特品糸を使用しており、その糸を作るためには原料の品質自体を高める必要があった。

素材開発の壁は、「価格」と「品質」と「数量」

　「そういった問題もあり、はじめはパートナー企業様とかなり慎重に開発しました。そこでだいぶナレッジを積み、供給量も少しずつ増えてきましたが、それでもまだ少量しか作れず、初年度のドライEXはたった1型のポロシャツしかできません

でした」（小森田氏）

　たった1型といっても、サイズやカラーのバリエーションが豊富で、グローバルに展開しているユニクロでは、その数量は数十万点以上に上る。

　「実は、社内では、1型だけやっても意味がないという声もありました。でも、はじめは1型からでも、やらないよりはやる方がいいと信じて、押し切ってスタートしました。その後、異物除去技術も進化して、必ずしも日本製ペットボトルでなくても純度の高いチップの生成が可能となりましたし、生産数量も大幅に増えました。いまではドライEXという商品の100%が再生ポリエステル使用となっています。あのとき、たった1型でもやってよかったのだと思っています」（小森田氏）

　新しい素材開発を進めていくうえで、ユニクロにとってもっとも難しいのは、「価格」と「品質」と「数量」の壁を乗り越えなければならない、ということだ。この3つの要素すべてにおいて、ユニクロの水準をクリアさせなければならない。

　中でも「数量」については、ファーストリテイリンググループの生産数量は、実に年間13億点（2021年度）に上る。低価格かつ高品質な素材を探す、あるいは開発するだけでも大変なことだが、それをクリアしたとしても、これだけの数量を確保するのは至難の業なのだ。

飛躍的に品質を向上させたアンバサダーとのウェア開発

　「実は、ドライEXの開発のスタートは、車いすテニスの国枝慎吾選手やプロテニスプレーヤーの錦織圭選手など、グローバルブランドアンバサダーにプレー中に着用していただくウェアの開発からでした。提供用ウェアなら、もちろん彼ら一流選

手のパフォーマンスを落とすわけにはいきませんから、開発する中で品質を上げていけますし、まずは少量から始められるので」（小森田氏）

　その分、プレッシャーは大きい。ユニクロのウェアを着て、トップ選手である彼らのパフォーマンスが落ちた、などということになったら大変なことだ。しかし、このユニフォーム開発に挑戦したことより、素材の性能と品質は飛躍的に向上することになる。

　「たとえば国枝選手はメッシュ素材を好み、かつ、こだわりも強いので『2回前の大会のこのメッシュの方が穴の開き方がよかった』などと言われることもありました。そういうフィードバックをいただきながら、より選手の求めるものを先回りして素材を改良し、選手が最高のパフォーマンスを出せるよう開発を進めてきました」（小森田氏）

「金メダルが獲れたのは、ユニクロのウェアのおかげ」

　サステナビリティ先進国であるスウェーデンのオリンピック・パラリンピック代表チームへのウェア提供では、先方の求める基準をクリアするのにこれまでにない苦労もあったが、選手から思いがけない言葉をもらった。

　「北京大会の男子モーグル種目で金メダルを獲られたモーグルのウォルター・ウォルバーグ選手から、『この金メダルを獲れたのは、半分はユニクロのウェアのおかげだ』というお言葉をいただいたんです。モーグル競技は、かなりハードな動きをするのですが、とにかく着ている感覚がないぐらいいいウェアだった、と。それは本当に嬉しいことでした。僕たちの開発し

スウェーデン代表選手（写真提供：スウェーデンオリンピック・パラリンピック委員会）

たウェアが、選手のパフォーマンスを上げたと言ってもらえた
わけですから」（小森田氏）

　それまで、小森田氏はどこかで、「カジュアルブランドが作
るスポーツウェアって本当にいいの？」と思われているのでは
ないか、という不安があったのだという。しかし、ウォルター・
ウォルバーグ選手の言葉を聞き、ようやくその不安が払拭され
た。

　ユニクロのウェアは選手たちからも高く評価され、2019年
から始まったパートナーシップ契約は2度延長されて、2026年
のミラノ・コルティナダンペッツォ大会まで継続することが決
まっている。

　こうして、トップアスリートのために開発された高機能かつ
サステナブルな素材を使用したアイテムが、パートナー企業と
の弛みない努力のうえで生産数量を増やし、ユニクロの通常ア

イテムとして世界中で販売されていく。

　アパレル業界では、ユニクロのヒートテックやエアリズムのような「機能性素材」を取り入れているところが増えている。各社それぞれのバリエーションがあり、消費者側としては選択肢が増えることは喜ばしいことだ。しかし、小森田氏の「社会の課題を服で解決できると信じている」という言葉を聞くと、やはりユニクロがトップランナーとして走り続ける理由があると思わずにはいられない。

Chapter 03

売上利益の全額を寄付する
「PEACE FOR ALL」プロジェクト

プロジェクト始動1年半で8億円超を寄付

　ユニクロは2022年6月より、チャリティーＴシャツプロジェクト「PEACE FOR ALL」を始動した。

　「世界の平和を心から願い、アクションする」というユニクロの趣旨に賛同した各界の著名人とコラボレーションし、それぞれの平和への願いをデザインしたＴシャツを、ユニクロの店舗およびオンラインストアで販売する。そして、その売上利益の全額を、貧困、差別、暴力、紛争などで困窮する人々に支援を行っている団体に寄付し、その活動に充てる、というのがプロジェクトの趣旨である。

PEACE FOR ALL ユニクロ UNIQLO
たった1枚のTシャツにも、平和のためにできることがある。

「PEACE FOR ALL」サイトバナー　　　　　　　　　©TSUBURAYA PRODUCTIONS

寄付対象となる国際団体は、国連難民高等弁務官事務所(UNHCR)、セーブ・ザ・チルドレン[※1]、プラン・インターナショナル・ジャパン[※2]だ。

　賛同する著名人たちは完全にボランティア、つまり無償で協力しており、ユニクロはTシャツの売上のうち、原価を除いた利益の全額(1枚当たり販売金額の20%相当)を寄付している。プロジェクト開始から約1年半が経過した2023年12月時点で、賛同する著名人は33人に上り、Tシャツの販売による寄付金の総額は8億円を超えた。

※1 すべての子供にとって、「子供の権利」が実現されている世界を目指し、世界約120カ国で子供支援活動を展開する国際NGO
※2 貧困や差別のない社会を実現するため世界75カ国以上で活動する国際NGO。とりわけ女の子や女性への支援に力を入れている

ウクライナ侵攻から3カ月半で発売へ

　この「PEACE FOR ALL」プロジェクトも、ユニクロの商品本部グローバルMD(マーチャンダイジング)部部長・小森田真也氏率いるチームで担当している。

　「2022年2月にウクライナへの軍事侵攻が始まってから、ファーストリテイリンググループとしてもウクライナや近隣諸国で避難生活を送る人々への物資や金銭の支援はしていました。ただ、長年難民支援を続けてきたユニクロとしては、やはり自分たちの事業を通して、もっと幅広い支援ができないか、という社内の声もありました。柳井社長からも、世界平和を願うアクションをユニクロが率先してすべきだ、そういうプロジェクトを早急に立ち上げてほしいと言われ、それで、3月に社内にプロジェクトを立ち上げ、急ピッチで進めて、6月17日に世界中のユニクロでの同日発売にこぎつけました」(小森田氏)

賛同者を募るために書いた「ラブレター」

　社内にプロジェクトを立ち上げ、わずか3カ月半で製品を発売することも大変なことだが、もっとも苦労したのは賛同者を集めることだ。

　自分たちはこういう趣旨でプロジェクトを発足した、これに賛同していただいたら、ユニクロと一緒に意思表明をしてほしい。そして一緒に作ったデザインをTシャツにプリントし販売させてほしい。さらに、売上の利益は全額寄付したいので、これらの活動のすべてを無償で協力してほしい、というのである。

　無償での協力というだけでも同意を取るのは難しいが、さらに、世界の平和に対して意思表明をしてもらう、ということの難易度が高かった。政治的なスタンスを表明しているように見られるのではないか、という懸念があるというのだ。しかも、コラボレーションして作った商品が全世界のユニクロで販売されるので、賛同者には相当なプレッシャーがあるはずだ。

　その説得のため、プロジェクトメンバーは企画提案書を作成した。自分たちの思いを詰め込んだその企画提案書を、社内では「ラブレター」と呼んでいる。これだけの規模のプロジェクトにもかかわらず、この「ラブレター」は大手広告代理店などに体裁よく仕上げてもらったものではなく、社員がパワーポイントで作ったものだというから驚く。表紙には、「日本」と「平和」を想起させるヴィジュアルとして、満開の桜の写真を入れた。この写真も、プロジェクトに参加していたある役員が、自宅の近所にある桜の木をスマートフォンで撮影してきたものだ。

　2022年6月17日に発売した第一弾に参加したのは、建築家の安藤忠雄氏、クリエイティブディレクターの佐藤可士和氏、デザイナーのイネス・ド・ラ・フレサンジュ氏、作家の村上春樹

氏、そしてノーベル医学・生理学賞を受賞した山中伸弥氏の5名だった。もちろん、「ラブレター」を持って出向き、説得に当たった。

ユニクロでも最速のプロジェクト

現在、プロジェクトを率いるのは、グローバル商品本部グローバルMD(マーチャンダイジング)部UTチームのリーダーの氏家慶多氏だ。氏家氏は、2005年3月に新卒でユニクロに入社。店長とエリアマネージャーを経験した後、本部に異動して念願のMDになった。途中1年間アメリカに赴任し、2020年からはユニクロのグラフィックTシャツのブランド「UT」でMDリーダーを努めている。

「2022年3月にプロジェクトを立ち上げ、賛同いただいた皆さんとコラボレーションして作った商品を、3カ月後の6月に

ユニクロ グローバル商品本部グローバルMD部UTチームのリーダーの氏家慶多氏

は全世界で販売できました。私たち自身、何をすべきかというところから考え始めて、準備期間3カ月で商品として発売するというのは、ユニクロの中でも最速のプロジェクトだったと思います」(氏家氏)

通常の商品でも、新しい商品を販売するまでには、MDを中心に、デザイナー、生産、物流、IMD(インストアマーチャンダイジング)、マーケティングなどの部署が関わってくるが、今回はサステナビリティ、コーポレートPRなどの部署も含め、最終的には50人以上が関わるプロジェクトとなった。また全世界で同日発売を目指していたため、各国の経営者と密接に連携する必要もある。話せば話すほど、それぞれの国の政治情勢や世論の違いも明らかとなり、どのような形でローンチするのがいいかを何度も議論しながら準備を進めた。

「一番大事なのは、皆が同じ目的意識を持つこと。ですから、日々起きていること、議論されたことを全員に共有して、価値観をすり合わせていきました。チームも編成しながら、並行して課題を解決し、全力疾走で前進していくのには、やはり苦労しました」(氏家氏)

ユニクロがTシャツにこだわる理由

このプロジェクトに、ユニクロはなぜTシャツというアイテムを選んだのか。もちろん、Tシャツは比較的生産工程が少ないため、早く製品化できるという理由はある。しかし、それだけでない。それは、ユニクロにとってTシャツがどういうものなのか、ということに関係している。

「Tシャツはもともと下着だったわけですが、1950年代以降からファッションとして服自体に文字や柄が描かれるようにな

り、70年代、80年代と、さらに様々なデザイナーたちによってメッセージが書かれるようになりました。Tシャツというのは、自己表現の場であり、キャンバスなんです。ですから、柳井社長を含め、私たちがメッセージを発信するなら、Tシャツでやろう、と発想することは、とても自然なことでした」(氏家氏)

単に寄付金額を増やすためであれば、Tシャツ以外のアイテムを増やしてもいいと思われるが、ユニクロがこのプロジェクトでTシャツにこだわる理由はそこにある。

「ユニクロのグラフィックTシャツのブランド『UT』は、Tシャツを通じてアートやカルチャーをお客様に提供していくことをモットーとしています。たとえば、そのアーティストをまったく知らなかった人が、美術館やギャラリーに行かなくても、ユニクロの店頭でそのアートが描かれたTシャツを見て、気に入ったら身につけていただくかもしれません。あるいは、そこに描かれたグラフィックやメッセージの背景にあるカルチャーを知ることになって、もしかしたらその人の将来の仕事や夢につながるようなこともあるかもしれません。そう考えると、新しいグラフィックを作るときも、ただ一過性の流行ものばかりではなく、背景やストーリーのあるものを一つひとつ選ぼう、となりますし、これを着た人がどんな気持ちになるのか、と皆で考えてデザイン開発しています」(氏家氏)

服でメッセージを発信する役割を担うという意味で、「PEACE FOR ALL」は、発売当初「UT」の中プロジェクトとして始まった。しかし、「これは会社としての姿勢そのものだ」という柳井社長の強い思いがあり、現在は「PEACE FOR ALL」は「UT」の枠を超え、ユニクロ全社にとって特別なプロジェクトとして位置づ

左から、村上春樹氏、佐藤可士和氏、アカマイ・テクノロジーズ社とのコラボレーションTシャツ

けられている。

「PEACE FOR ALL」Tシャツのデザイン

　「PEACE FOR ALL」プロジェクトの賛同者とは、具体的にどのようにしてデザイン開発を進めているのだろうか。なにしろ、コラボレーションする相手は、デザイナーやアーティストばかりではないのだ。

　「まず、『あなたが思う平和のイメージってどんなものですか?』と聞くところからです。そのイメージを、ある方は写真で示されたり、ある方は言葉で伝えられたりするので、それを受けて私たちのデザイナーがデザインしたものをいくつか見ていただいて、イメージをすり合わせながらデザインを修正する、という作業を繰り返していきます」(氏家氏)

　たとえば作家の村上春樹氏からは、人も猫も同じように平和に生きていける世界をイメージし、猫のイラストを提案してもらった。「SAVE HUMANS, SAVE CATS」という言葉が添えられた猫のTシャツは、海外でもよく売れている。

　クリエイティブディレクターの佐藤可士和氏の場合は、もちろんデザインも自身によるものだ。「PEACE FOR ALL」という文字だけが永遠に繰り返されている、シンプルで美しいタイ

ポグラフィのデザインは、特に若い世代に人気が高いという。

　また、米国の大手ネットワーク事業者「アカマイ・テクノロジーズ」とのコラボレーションTシャツには、コンピュータプログラミングのコードがびっしりと書かれている。このコードを解読しようと試みる人も現れ、SNSで話題となった。

利益の全額寄付に議論の余地なし

　ユニクロでは、過去にも東日本大震災などでチャリティーTシャツを販売したことはあったが、それらはいずれも売上の一部を寄付するものだった。「PEACE FOR ALL」プロジェクトのように売上利益の全額を寄付するのは、ユニクロとしてもファーストリテイリンググループとしても初めてのことだ。そこに議論はなかったのだろうか。

　「そこにはまったく議論の余地がなかったように思います。このプロジェクトに関しては、プライオリティは利益とか売上ではなく、一日も早く支援できる体制を立ち上げること、と思っていましたから。もし、利益の一部を寄付するのだとしたら、それがいくらだったらお客様に受け入れられるのか？とか、この活動で、自分たちの会社の利益を生んでいいのだろうか？とか、色々なジレンマが出てきたんじゃないかと思います。そういった矛盾に苦しむことなくプロジェクトに邁進できたのは、目的が明確だったからです」（氏家氏）

　1990年代の裏原宿・古着ブームの影響を受け、服が好きな大学生だった氏家氏。就職活動をする中で、ユニクロは入社したい会社の一つであった。入社説明会で、「服の力で世の中を良くしたい」と熱く語る先輩社員や人事の話を聞き、それがとてもストレートに響いた。他の会社の説明会では感じることが

できなかった高い志や信念、そして会社のエネルギーを感じ、入社を決めた。入社して17年目に、この「PEACE FOR ALL」プロジェクトのリーダーとなり、いま、服で世の中を良くすることはできるという実感を持ちながら仕事している。企業の未来を動かしていく原動力の種は、すでに入社説明会のときに蒔かれていたのだろう。

Chapter 04

東レとのサステナブルな関係から 生まれたリサイクルダウン

ユニクロと東レの戦略的パートナーシップとは

　東レは2024年で創立98年となる、日本を代表する素材メーカーである。グループの売上約2.5兆円、従業員数約5万人という規模だ。鉄の10分の1の軽さで4倍の強度を持つカーボン繊維を開発し、米ボーイング社などの航空機に採用され航空機の驚異的な軽量化を可能としたことで、炭素繊維業界で世界No.1のシェアを誇る。

ユニクロの柳井正会長兼社長と東レの日覺昭廣代表取締役会長

その東レがユニクロと取引を始めたのは、1999年。縫製品のOEMからだった。翌2000年からは縫製品だけでなく、糸や生地の開発から取り組むようになり、さらに、当時からグローバル展開を目指していたユニクロのビジネスに合わせて、東

リサイクルダウン

レはグローバルオペレーション事業部(GO事業部)という部署を立ち上げた。ここから、今日の両社のパートナーシップへとつながっていく。

　東レは2003年、ユニクロ向けの素材開発において、身体からの水蒸気によって発熱し、その温かさを保温するインナー素材を開発した。当初はメンズのインナーウェアとして販売されたが、翌2004年からウィメンズのインナーウェアとしても展開数を増やし、ユニクロが「ヒートテック」と名付けて大々的にマーケティングすると、爆発的に売れるようになった。

　2006年からは、お互いに戦略的パートナーシップとして長期的に取り組んでいくことを共同で記者発表し、ユニクロのオフィス内に東レの従業員が常駐するようになった。

　以来、東レがユニクロのために素材開発した代表的な商品は、ヒートテック、エアリズム、ウルトラライトダウン、ドライEX、感動パンツなど、いずれも大々的なヒット商品ばかりだ。そして、いま、ユニクロと東レはリサイクルダウンに取り組んでいる。

リサイクルダウン開発のきっかけ

「私たちがユニクロと取り組む一番の目的は、新しい素材を提案できる場だからです」（東レ GO事業部GO事業第2室長・荒木隆史氏）

そう語る荒木氏は、2004年に東レに入社、営業部で企業ユニフォームのテキスタイル素材販売の経験を経て、2013年に自ら希望してGO部に異動した。ユニクロが世界一を目指すということを聞いて、そういう会社と一緒に仕事してみたいと思ったのが希望の動機だ。

ユニクロのリサイクルダウンの特徴は、一般的な「リサイクルダウン」という素材を専門業者から仕入れているのではなく、ユニクロの店頭でお客様から回収した自社のダウン製品から作られている、とうことにある。これもまた、ユニクロが自社製

東レ GO事業部GO事業第2室長の荒木隆史氏

品の循環のサイクルを作る試みの一つなのである。

合繊メーカーの東レがダウンのリサイクルを提案した理由

　「ユニクロのダウンでリサイクルダウンを作りませんか、というのは、もともと我々からユニクロに提案したのです。ダウンというのは素晴らしい素材です。我々は合繊メーカーですから、合成繊維のポリエステルなどで中綿と呼ばれるものを開発していますが、軽さ、温かさ、着心地、手入れのしやすさなどを考え合わせると、いまだかつてダウンを超えたものはできていません。ただ、天然の羽毛にはやはり限りがあります。そこで、この有限な資源をリサイクルして、より安定的にお客様にお届けすることに価値があるのではないかと考えて、『ダウンのリサイクルを始めませんか』と提案しました」（荒木氏）

ダウンのリサイクル工程

合繊メーカーの東レから、ダウンをリサイクルする提案があるとは、ユニクロの柳井社長も驚いていた。しかし、その場で「是非やってください。お願いします」と言われたのだという。

　実は、東レでは、リサイクルダウンへの取り組みは、2014年から検証を開始していた。2017年に商品化に着手し始め、事業化の手応えを得て、ようやく2019年にユニクロに提案したというわけだ。しかし、ユニクロに提案してからは早かった。東レから柳井社長に提案があったのが2019年の4月。すぐさまユニクロ社内で部署横断のプロジェクトがスタートし、5カ月後の2019年9月から店頭でのダウン回収が始まった。そして2020年秋、初めてリサイクルダウンの製品が発売された。東レで5年もの時間をかけた検証があったからこそ、提案を受けたユニクロがすぐさま受けて立つという、お互いの信頼関係を表すエピソードである。

部署横断のリサイクルダウンプロジェクト

　ちょうどその時期、荒木氏はユニクロの生産部に出向していた。しかし、東レにとってもユニクロにとってもリサイクルダウンを製品化するのは初めてのことである。東レからの要望により、ユニクロ社内に部署横断のリサイクルダウンプロジェクトチームが立ち上がる。

　関係する部署は、MD（マーチャンダイジング）、生産部、品質チーム、デザイナー、パタンナー、マーケティング部、営業部、法務部、サステナビリティ部など、多岐にわたった。

　「苦労したことと言えば、全部です。とにかく、東レもユニクロも、経験したことのない仕事ですから。我々の普段の仕事の範囲は、『糸を作って、生地にして、服にする』というところ

までです。ですが、そのプロジェクトでは、マーケティングや倉庫の賃料、輸送のコスト計算などのシミュレーションも、ユニクロの皆さんと一緒にやらせていただきました。それまで自分のやってきた仕事とだいぶ違う領域でしたので、かなり苦労しましたが、最も印象に残る仕事になりました」（荒木氏）

　特に難しいのは、どれくらいのダウン製品を回収できるか、というところだ。ダウンのアウターはユニクロの中でも比較的高価であり、それほど頻繁に買い替えることがないためか、回収量は決して多くはない。

　「そこは大きな課題の一つで、いまも常に、どういったことができるかをユニクロと話し合っています」（荒木氏）

一緒に成長できるサステナブルな関係

　同時に、東レ側では、回収したダウン製品から羽毛を取り出すマシンを開発した。取り出した羽毛を洗浄し、ダウンとフェザーに分離させ、その混率を調整して、新たにリサイクルダウンの製品を縫製する工場に納品する。

　「ダウンを取り出す機械や、ダウンの分離器まで作るなんて、東レでも普通はできないことです。やはり戦略的パートナーシップを結んでいるユニクロとだからこそ、我々もこういったことに挑戦できる。それが、ユニクロと一緒に仕事する醍醐味です」（荒木氏）

　「今後、素材がサステナブルであることは、特別な商品や一部のアイテムに限られたことではなく、"基本装備"になると考えています。東レとしては、感動できる商品、感動を大きくできるような素材を提案していきたい。ただ、それを世界中のた

くさんのお客様に届けられるのは、ユニクロとだからできることです。ユニクロが世界一を目指すのであれば、僕らは世界一の素材を作らなくては、と思っています」(荒木氏)

　ユニクロとパートナーシップを結んでいる取引先は、もちろん東レだけではない。もともとジーンズブランドやスポーツブランドのカジュアルウェアを仕入れて販売していたユニクロが、自社ブランドの製品を作り始めたのは1992年からだ。30年以上取引のある工場の中には、いまや中国でもトップクラスの大企業になっているところもあるという。

　取引のある素材メーカーや工場の多くが、ユニクロと長期にわたるパートナー関係を結び、共に成長している。取引先とサステナブルな関係を築いていることこそが、ユニクロのビジネスの成長を支えている。

Chapter 05

服に愛着を生むリ・ユニクロスタジオの リペア＆リメイクとは

衣料回収活動を「RE.UNIQLO」としてリブランディング

　ユニクロは、2022年10月より、店舗に持ち込んだ服を店内で加工して、刺繍や刺し子でリペア、リメイクするサービスを始めている。その運営の中心となっているのが、ファーストリテイリング サステナビリティ部グローバル環境マネジメントチームの花田彩氏だ。

　花田氏は、2019年にユニクロに入社した。前職の飲料メー

ファーストリテイリング サステナビリティ部グローバル環境マネジメントチームの花田彩氏

カーでミネラルウォーターのブランドマネージャーをしている間に、ペットボトルの循環型リサイクルについて問題意識を持ち、こういう仕事をメインにしていきたいと思ったときに、転職先として候補に挙がったのがファーストリテイリングのサステナビリティ部だった。

　入社当初は、サステナビリティ部でマーケティングを担当した。その中で最も大きな取り組みとなったのが、それまで10年以上取り組んできた店頭での衣料回収プロジェクトを、「RE.UNIQLO」としてリブランディングしたことだ。回収した服はリユースし、難民キャンプや被災地への緊急災害支援など、世界中の服を必要としている人たちに届けるほか、リユースできない服は燃料やリサイクル素材として活用する。さらに、服から服へのリサイクルとして、ダウンのリサイクルを開始した。

　服に対して第二の人生の道筋を作るこれら一連の活動を、「RE.UNIQLO」と名付けた。リブランディングの目的は、新しくロゴを開発し、店舗の衣料回収を呼び掛けるポスターや回収ボックスなども一新して、再度お客様からの注目度を上げ、より積極的に参加してもらうことだ。

「RE.UNIQLO STUDIO」とは

　「『RE.UNIQLO』とは、お客様に服をできるだけ長く着ていただき、最後はそれを店舗に持ってきて、リユース、リサイクルしていくという活動全体を指しています。活動の中で、服を長く着ることをサポートするため、リペアやリメイクなどのサービスを提供する『RE.UNIQLO STUDIO』を立ち上げました」（花田氏）

　「お客様が服を捨てる理由は、大きく分けて2つです。1つは、

リペアのサンプル

物理的に破れたり、縮んだり、穴が開いたり、シミがついたり
して着られなくなったとき。もう1つは、物理的には問題なく
とも、飽きてしまったときです。『RE.UNIQLO STUDIO』は、
その両方をできるだけカバーするための場で、ユニクロの店頭
で服のリペアとリメイクを行っています」(花田氏)

　リペアサービスとは、たとえば、破れた服を店内のミシンを
使ってクイックに補修する。最も簡単な補修は500円からと手
ごろな料金設定だ。また、リメイクサービスは、刺繍や刺し子
などの加工デザイン見本の中から、お客様に好きなものを選ん
でもらい、かかる予算も相談しながらオーダーメイドで作って
いく。

ドイツから始まった、リペアサービス

　「RE.UNIQLO STUDIO」の原型となるリペアサービスは、
2021年8月、ドイツの「タウエンツィーン店」で始まった。当時、
ドイツのサステナビリティ部のスタッフが、服を長く着る取り

リージェントストリート店のリ・ユニクロスタジオ

組みをしているNGOと一緒に、服を修理、リメイクするワークショップを行っていたのが始まりだ。

たった1店舗で行ったワークショップだが、その情報が社内に共有されると、全世界のユニクロに波及効果があり、翌年にはニューヨークのSOHOにある店舗で有料のリペアサービスを開始した。

2022年4月にロンドンのリージェントストリートに旗艦店舗がオープンした際にも、リペアとリメイクサービスのコーナーは、目玉コンテンツとなった。当時ロンドンでは、日本の伝統的な刺繍の手法である「刺し子」が流行り始めており、それも手伝って注目を集めた。

刺し子刺繍に表れる日本のサステナビリティ思想

「もともと日本の刺し子という刺繍の手法には、古くなった作業着などをお金をかけずに補強して長く着ようという、生活の中で生まれたサステナビリティの思想があり、その考え方がヨーロッパで注目され始めていたんです。日本の伝統の技術とサステナビリティだったら、ユニクロがやるしかないんじゃないか、と現地の担当者が考え、スタジオの設置と、刺し子をメニューに加えることが決まりました」(花田氏)

刺し子のサンプル

　ドイツの個店の施策だった活動が、SOHO、ロンドン……と広がっていくというのが、グローバルに展開するユニクロのダイナミズムだろう。その後、世界各地でそれぞれ行っていたリペアサービスをフォーマット化して、お客様に提供できるようにするため、2022年9月に「RE.UNIQLO STUDIO」としてブランディングした。

　「欧米では、Right to repair（修理する権利）ということが重要視され、お客様が自分の判断で商品を修理できるよう、企業がサポートや情報を提供することが法律化され始めています。もちろん、車や家電の方が進んでいるのですが、ユニクロでは服でも同様に対応していきたいと考えています」（花田氏）

日本では、ユニクロ世田谷千歳台店からスタート

　日本では、2022年10月に世田谷千歳台店に初めて「RE.UNIQLO STUDIO」ができた。当初は2023年3月いっぱいまでの期間限定のサービスとして始まったが、利用者も多く好評だった

RE.UNIQLO STUDIOのロゴ

ため、常設することが決まった。

「世田谷千歳台店は、都内の大型店でありながら、地元密着型のロードサイド店で、ユニクロの中では珍しい立地にあります。日本のユニクロ店舗ではトップに入るくらいリサイクルの回収量が多い店舗で、お客様も着なくなった服を持ってくる行動が根付いていたため、まずこの店舗から始めました」（花田氏）

ユニクロでは従来から店舗でジーンズの裾上げなど、ミシンを使った補正作業を行っていた。そのため、ユニクロの店舗には補正のインフラと技術があり、スタッフにも、その場で服を補正すること自体には抵抗がなかった。店長に打診したときも、二つ返事で「自店でやります！」と言ってくれたという。

始めてみると、予想以上に大きく破損したものが持ち込まれることがわかった。たとえば握りこぶしほどの大きな穴が開いたニットや、手のひらほどの大きさの穴が複数開いたジーンズなど。ここまでボロボロになったものを本当に修理してまで着るのだろうか？と思うようなものもあった。

「でも世田谷千歳台店のスタッフたちは、どんな商品が持ち込まれても、まったく躊躇せず、こういうお客様がいらっしゃるので次はこうしようと、どんどん積極的にオペレーションを考えていってくれたんです。たとえば、ジーンズの穴は同時に複数カ所開いていることが多いので、2カ所以上の場合は値引きしよう、とか」（花田氏）

世田谷千歳台店の期間限定サービスの目的は、なるべくたくさんのケースのデータを集め、お客様の声を吸い上げ、全国の

店舗に広げていくフォーマットを作ることにあった。店舗スタッフも、その目的を十分に理解していたのだろう。

ユニクロの服は使い捨てされていない

　もっとも予想外だったのは、お客様がユニクロの服を長く着ていることだ。

　「8年、10年と着て、穴が開いたり破れたりしているのに、それでもまだ修理して着続けたいと、『RE.UNIQLO STUDIO』に持ってくるお客様がたくさんいらっしゃいました。10年以上前に2990円で買われたジーンズを持って来られたお客様は、ご希望通りに全部直したら1万円近くかかってしまうとお伝えしたのですが、『それでも気に入っているから直してほしい』と言っていただきました。ユニクロの服を大事に着ていただいているお客様がこんなにいらっしゃったんだとわかり、感動しました」（花田氏）

　お客様の自社商品への愛着を目の当たりにするのは、ブランド側にとって、新しい服を買ってもらうこと以上の喜びなのではないだろうか。

ニット、シャツ、ジーンズ、バッグの刺繍

修理するリペアだけでなく、刺繍などのリメイクも人気だ。

「刺繍サービスは、100種類くらいの図案と文字の中から選んでいただくのですが、小学生のお子様からご年配の方まで、楽しんでいただいています。たとえば、3人くらいで来て、皆でお揃いの刺繍をしたり、同じ商品にそれぞれ好きな刺繍を入れたり。毎月、自分の好きな言葉や登った山の名前を入れられる方もいらっしゃいます。服で共通の思い出を作れると、また長く大切に着ていただけるのではないかと思います」(花田氏)

フォーマット化することの難しさ

「難しかったのは、やはり、オーダーメイド的なものをどうやってパッケージにして広げていくかということです。まず、専門家の方に、一番簡単で誰でもできるような方法を作っていただいて、それを自分で実際やってみて、本当に誰にでもでき

前橋南インター店でリペア作業中の花田氏

るのか、どのくらいの手間がかかるのか、一つひとつの作業に何分かかるのか、自分たちですべて検証しました」(花田氏)

　そして検証後、店舗に行ってスタッフたちに、自らが講師となってトレーニングする。トレーニングでは、リペアやリメイクの作業に入る前に、まず、これは何のために取り組んでいるのかということを理解してもらうことから始める。それを理解してもらうと、あとは実際のお客様とのコミュニケーションの中で、スタッフたちがどんどん自走し始めて、新しいメニューやサービスを考え出していくのだという。

ユニクロが自ブランドの古着を販売!?

　それまで日本国内では「世田谷千歳台店」「前橋南インター店」「天神店」の3店舗にしかなかった「RE.UNIQLO STUDIO」だが、2023年秋には新たに7店舗での展開が始まり、10店舗に拡大した。新しい7店舗は「銀座店」(東京都中央区)、「UNIQLO TOKYO」(東京都中央区)、「東急百貨店さっぽろ店」(北海道札幌市)、「あべのキューズモール店」(大阪府大阪市)、「浅草店」(東京都台東区)、「御徒町店」(東京都台東区)、「UNIQLO SHINSAIBASHI」(大阪府大阪市)だ。

　10店舗というと、現在800店舗を超える日本国内のユニクロ店舗のうち、わずか1%強に過ぎないが、海外からの観光客が急増している都心の大型店も含まれ、その波及効果はきっと大きなものになるだろう。2023年11月現在、「RE.UNIQLO STUDIO」は世界18の国と地域の40店舗で展開している。

　さらに、ユニクロ自身が自ブランドの古着を販売するという古着プロジェクトが立ち上がり、その検証のため、2023年10

月には、古着を販売するポップアップストアがユニクロ原宿店で開催された。ユニクロが自社の古着を販売するのは、初めてのことだ。店頭で回収したユニクロの服は洗浄し、ニットなどは毛を取り除いて新品の3分の1ほどの価格で、また製品染めによりヴィンテージのような風合いを出したシャツやパンツなどは新品と同等程度の価格で販売。会期中は、常時400〜500点のセーターやフリース、ジーンズなどが売り場に並んだ。原宿駅前ということもあり、売り場には常に人があふれ、SNSでも話題を呼んだ。

「いまのところ、『RE.UNIQLO STUDIO』はあくまで、店頭で提供するサービスの一環でしかありませんが、今後の目標は、この活動を事業化し、さらに拡大していくことです。難しいことも多いですが、社内でもいろんな部署の方が注目し、自発的にこの事業に関わろうとしてくれているので、とても心強いです」(花田氏)

小売店の従業員は通常、マニュアル化された効率的なオペレーションで動いているため、イレギュラーな作業が発生することを嫌がるものだ。ユニクロでもそれは同様と思っていた。しかし、花田氏の話を聞いていると、実際の現場の雰囲気はまったく違っていたことに気づく。自ブランドの製品への愛着を育む活動は、何よりも店舗スタッフたちを動かす原動力になるのだと実感した。

Chapter 06

マーチャンダイザーが自ら
サステナビリティ部へ異動した理由

異動のきっかけは東日本大震災のボランティア

　小売業において、MD（マーチャンダイジング）といえば商売の中枢である。ユニクロには、そのMD部から、自ら希望してサステナビリティ部に異動した異色の社員がいる。「ACTION 06」で紹介したサステナビリティ部グローバル環境マネジメントチームリーダーの岡田恵治氏だ。岡田氏は、2001年にユニクロに中途入社した。店長、SV（スーパーバイザー）の経験を経て

ファーストリテイリング サステナビリティ部グローバル環境マネジメントチームリーダーの岡田恵治氏

2008年に本部に異動し、マーチャンダイザーの仕事に就いた。

　2011年の東日本大震災の直後から、避難者支援のボランティア活動に参加した。被災地で支援から取り残されていたある家族のもとに衣料を届けたときに、「ユニクロさんは来てくれると思ってました」と言われ、自分の作っている服の意味をあらためて考えるようになった。

　それがきっかけとなり、自ら希望して2013年よりCSR部（現・サステナビリティ部）に異動した。以来10年の間、サステナビリティ部の役割が急速に拡張するのにつれ、次々と新たな領域を担当している。

はじめは店舗での難民雇用をフォロー

　CSR部に異動当初、岡田氏は、ユニクロの中にこんな部署があったのか、と驚いたという。MD部では計画に沿った業務がルーティン化されていたが、異動したCSR部では業務にルーティンもマニュアルもなく、目標もなければ計画もなかった。部署自体がユニクロの中でも歴史が浅く、自社の事業目標より世の中の動きや必要に応じて、ミッションを変え続けてきたからだ。

　2013年当時のCSR部の業務は社会貢献が中心で、岡田氏も店舗での難民雇用のフォローを担当した。現在はグローバルで100人以上の難民がユニクロで働いているが、当時はまだ4人の難民を雇用したばかりだった。

　「難民スタッフは言葉の障壁もあり、店舗の中で孤立しがちでした。でも一人ひとりに丁寧に話を聞くと、それぞれにやってみたいことや得意なことがありました。せっかく日本を選んで避難してきて、ユニクロに入社してくれた人たちが、楽しく

キャリアを築いてもらえるよう、店舗の中で様々な試行錯誤を
重ねました。自分自身も店舗で働いていた経験があるので、彼
らの悩みを理解しやすかったのだと思います」(岡田氏)

出張授業で問う「なぜ服が必要なのか?」

ユニクロが取り組んできた難民支援活動の中でも、もっとも
ユニークなのは、社員による近隣の学校での出張授業だ。岡田
氏も、講師として出張した。

その授業は、まず「なぜ服が必要なのか?」という問いかけか
ら始まる。

すると、「裸でいるのは恥ずかしいから」「怪我をしないため」
といった答えが出てくる。また、人の身分や職業、その人の考

出張授業の様子

えや宗教を表すためでもある。そのほか、サッカーの試合観戦でユニフォームを着るのは、応援している自分の気持ちを表すためだ。

そうして、服の持つ様々な役割に気づいていく中で、その服が着られない人たちもいること、実は世の中には戦争や迫害、災害などが理由で安全な場所に避難しなければならない「難民」と呼ばれる人たちがこんなにいるということ、そのうちの半分が子供であるという事実を伝える。授業の後、子供たちに各学校や地域で半年間かけて子供服を集めてもらい、難民の子供たちに服を届けることがゴールだ。こういった授業を、各店舗のスタッフや店長、ときには、自身が難民であるスタッフが、各地の小、中、高校に出張して行っている。

2024年12年目を迎えるこの取り組みは、毎年参加校を増やし、2023年度に参加した学校は744校、児童・生徒の数は約8万2000人、11年間累計ではのべ4315校、47万人に上る。これだけの人数が、子供の頃に難民問題について考える機会を持って社会に出ていっていることを思うと、その活動の意義は計り知れない。

脱プラでショッピングバッグを有料化

2018年に新設された環境チームで、岡田氏は、まず廃棄物を減らすことに取り組んだ。

「その頃、欧米ではすでに脱プラスチックの法制化が始まっていました。そこで、ユニクロでも、当時、白いプラスチック袋だったショッピングバッグを紙袋に変えていこうと考え、準備を始めました」(岡田氏)

2020年9月から、ユニクロのショッピングバッグは紙製に代

紙製ショッピングバッグとショッピングバッグ有料化の告知ポスター

わり、一律10円と有料化が始まった。いまでは小売業界での
ショッピングバッグの有料化も定着しているが、このスタート
は順風満帆とは言えなかった。

　アパレル業界ではショッピングバッグはブランド認知促進を
目的とした販促物の1アイテムという扱いだったこともあり、
ショッピングバッグを有料化するということには社内外からの
反発がまだ強かった。特にネット上では情報が短絡的に伝わり、
「ユニクロは脱プラスチックと言いながら、袋を有料化して儲
けようとしているんじゃないか」などと揶揄されることもあっ
たという。

倫理的かつ責任ある原材料調達方針を整備

　次に岡田氏が担当したのは、原材料の調達方針を整えることだ。
　それまでにも各素材担当者の間でそれぞれ基準を設けてウェ
ブサイトなどで公表してはいたが、それらを整理し、「地球市
民として、倫理的かつ責任ある原材料調達方法を目指し、原材
料の社会・環境への影響を継続的に改善していく」という考え

のもと、会社として一つの基準にまとめ上げた。

「たとえば動物由来の素材を使う場合は、食用の副産物であるものしか使いません。また、ダウン商品の生産に携わるすべての取引先縫製工場がRDS（Responsible Down Standard）の認証（ダウン業界で最適な動物福祉の継続的な改善を保証するための国際認証基準）を取得しており、生きた鳥からの羽毛採取や強制給餌など、非人道的な扱いを受けていないアヒルやガチョウから採取した羽毛であることが保証されています」(岡田氏)

サプライチェーンの透明性を高める取り組み

これら原材料の調達方針に加え、サプライチェーン全体の透明性を高めることにもユニクロは積極的だ。

2004年からは「生産パートナー向けのコードオブコンダクト」を策定し、労働環境モニタリングへも早くから取り組んできた。コードオブコンダクト（行動規範）に署名した工場だけでなく、その取引先である上流工程の工場や、さらには原材料調達の最上流までを自社で把握しようと、常にやり方を見直している。現在も、自社の従業員による訪問や第三者機関による監査、第

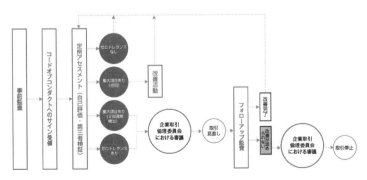

環境モニタリングの仕組み

三者認証などを通じて、労働環境の確認を進めているところだ。

　サプライヤーリストについても、世界全体の趨勢として情報開示の流れもあったことを受け、2017年2月から「主要縫製工場リスト」としてウェブサイトで公開し始めた。2018年からはさらに公開範囲を広げ、「主要素材工場リスト」も公開している。

　はじめからすべてが完璧にできていたわけではないが、できるところから着実に改善に向けて取り組む姿勢は、国際NGOなどからも評価されている。

ユニクロはファストファッションなのか?

　ファストファッションとは、流行の最先端をいち早く取り入れた低価格のファッションのことで、製品の多くは大量生産、大量廃棄され、その産業自体がサステナビリティとは真逆にあるように言われている。

　ユニクロも、ファストファッションの代表格と称されることも多い。しかし、ユニクロは、実際、ファストファッションと言えるのだろうか?

　ファストファッションと言われる他のブランドでは、世界のファッショントレンドを追いかけて、なるべくギリギリに引き付けたタイミングで、多品種を小ロットずつ作り、"売り切りご免"で売り切っていく。それに対し、ユニクロの商品開発は1年以上前から始まり、絞り込んだアイテムを大量に作り込む。作る商品もシンプルで定番的なデザインが多く、世界のファッショントレンドよりも購入者の声を反映して、同じ商品の素材やパターンを改善しながら何年も作り続けている。

　「低価格」というくくりで一緒にグルーピングされることが多いが、そもそも商品のMD自体が、ユニクロと他のファストフ

ァッションブランドとでは大きく違うのだ。

事業活動そのものをサステナブルに

「僕たちが一番やってはいけないと考えているのは、誰も欲しいと思わないような無駄なものを作って、それが売れ残って廃棄すること。できることなら、お客様が本当に欲しいものだけを作って、それが全部売れて、なおかつ買っていただいたお客様には長く着てもらえるというのが理想です」(岡田氏)

そのため、ユニクロは大胆なシステム投資により、ここ数年で需要計画、商品計画の精度を大幅に改善した。かつてエクセルを駆使していた頃とは格段の差だ。無駄なものを作らないのは環境のためであるのと同時に、当然利益にもつながっている。

「僕たちは、作ったものが最終的にごみにならないよう、寄付、リサイクル、リユースなどの受け皿も作っています。けっして、作りっぱなし、売りっぱなしにしないということです。僕たちの考えるサステナビリティは、事業の一部でやることではなく、事業活動自体をサステナブルにしていくということなのです」(岡田氏)

企業の社会貢献室やCSR部といった部署は、事業経験のないメンバーだけで組織されていることが多い。そういった企業のサステナビリティ活動は、本業で利益を追求し、その利益の一部を使って、事業とは別のところで社会に還元する、という構図だ。しかし、本業の事業自体をサステナブルにしていく、と考えるとき、事業側の経験者が果たす役割は大きい。マーチャンダイザーという商品のコストや生産量を司る仕事をしてきた岡田氏の経験は、サステナビリティ部の業務の急速な拡大にマッチし、さらに加速させたのではないかと思う。

ACTION
08
Diversity

**障がい者の雇用と女性活躍の
推進から始まったダイバーシティ**

ファーストリテイリンググループは現在、アジア、北米、欧州で3500以上の店舗とECを展開し、約11万人の従業員が働いている。多様性豊かな従業員がワンチームとなり事業を拡大していくうえで、ダイバーシティ&インクルージョン（以下：D&I）への取り組みは必須の課題だ。それが評価され、2023年3月には「D&Iアワード2022」において、最高評価の「ベストワークプレイス」に認定された。D&I先進企業は、何をどのように取り組んできたのか。社長室直轄のダイバーシティ推進チームの活動と、社外取締役でもあるキャシー松井氏の視点から評価する。

Chapter 01

ダイバーシティ推進チームは
社長室直轄

4つの重点領域
「ジェンダー」「Global One Team」「障がい」「LGBTQ+」

　ファーストリテイリングは2015年、人事部内に「女性活躍推進室」を設立した。当時の目的は、女性のキャリアとライフイベントの両立を支援することだった。そして2019年からは、さらに包括的にダイバーシティ推進を強化するため、「女性活躍推進室」を発展的に改編し、人事部内ではなく、社長室直轄の「ダイバーシティ推進チーム」を設立した。

　総合商社、経営コンサルティング会社を経て2013年にファーストリテイリングに転職していた内田絢子氏は、ちょうど育休から復職したタイミングで、新設のダイバーシティ推進チームに異動した。以来、「ジェンダー」「Global One Team」「障がい」「LGBTQ+」の4つの重点領域で、取り組みを進めている。

　「前身の女性活躍推進室は、基本的に女性が活躍することをメイ

ファーストリテイリング社長室
ダイバーシティ推進チームリーダーの内田絢子氏

ンに取り組んでいました。しかし、社会で多様性の問題がある中で、女性という一つの領域だけに対応していては会社として不十分だという考えから、ダイバーシティ推進チームとして改編されました。社長室直轄になったのは、やはりダイバーシティを事業の中心に位置付けている、という会社としての意思表明でもあります」(内田氏)

1人の障がい者の雇用から始まったダイバーシティへの取り組み

4つの重点項目のうち、とくに「ジェンダー」と「障がい」については、ファーストリテイリングが早い段階から取り組んできたテーマだ。1990年代後半に、ユニクロのある店舗で1人の障がい者スタッフを雇用したことから、ファーストリテイリングのD&Iへの取り組みが始まった。

「その当時は、まだダイバーシティという認識はなかったのかもしれません。しかし、1人の障がいのあるスタッフを採用したところ、その店舗のスタッフがコミュニケーションに配慮するようになり、結果として店舗全体が活性化し、チームワークが大きく向上しました。その経験から、社会だけでなく、会社にとっても非常に意味のあることだと考え、その後2001年から1店舗に1人以上という方針で障がいのある方を積極的に雇用するようになったのです。それが、私たちのダイバーシティへの取り組みのスタートになっています」(内田氏)

2023年、国内ファーストリテイリンググループの障がい者雇用率は4.89%(比率の算定は2023年8月現在)と、日本の法定雇用率(2.3%)を大幅に超えている。この活動は国内だけでなく、ASEANやEUまでグローバルに広がり、現在では約1500人の障がいのあるスタッフが働いている。

あらゆる人に快適な店舗づくりを模索

　一方で、障がいのあるお客様に対する取り組みとしては、店舗のユニバーサルデザイン化が進んでいる。

　従業員有志が中心となり、障がいのあるお客様だけでなく、高齢者や妊婦なども含め、配慮の必要なお客様がより快適に買い物ができる店舗づくりを目指すプロジェクトを立ち上げた。多様なお客様の声を活かして担当部署と連携し、商品開発やマーケティング、店舗設計、接客応対、サービスの向上に取り組んでいる。

　「お客様のご意見を元に、店舗設計担当部署による検証を経て、店舗の標準フォーマットを変更しました。具体的には、店舗入口の段差の解消、手すりやベンチを備えた広いユニバーサル試着室の導入、障がい者専用駐車場の設置・増設などです。このフォーマットは2019年秋以降にオープンしたすべての新店と、既存店改修時の店舗設計に反映しています。都内では、UNIQLO TOKYOやユニクロ原宿店なども対象になっています」(内田氏)

twitter(現・X)の声で生き延びた商品

　またユニクロは常にお客様の声を商品づくりに反映しているというが、2023年6月にはtwitter(現・X)ユーザーの声を受けて、廃番予定だった商品の販売継続を決定した、というエピソードもあった。

　「KIDS コットン前あきクルーネックボディスーツ」という商品は、子供用ではあるが110〜160cmのサイズまであり、スナップボタン付きで着脱しやすいことから、障がいを持つ子供や

KIDS コットン前あきクルーネックボディスーツ（半袖）

介護の必要な高齢者も着用していた。特に介護する親や施設の間では、その便利さが口コミで広がっており、商品レビュー欄には、「歩行困難な障がい児に使用しています」「要介護5の親に使わせてもらってます」「日頃は股開きのロンパースを手作りして着せています」といった切実な声が寄せられていた。毎日「お客様の声」を社員全員が閲覧しているユニクロでも、そのことは認識していたが、この商品は全体の売上に対するシェアが高くないため、販売終了が予定されていた。

　すると、一人のユーザーが、twitter（現・X）上で「この商品を廃番にしないでほしい」とツイートした。

　そのツイートはまたたくうちに拡散され、それを知ったユニクロは、すぐさま議論のうえ、はじめのツイートのわずか5日後に販売継続を決定し、それをユーザーにも報告したのだ。

　「以前より、入院中の方や介護が必要な方からも、ユニクロの服はウエストがゴムで伸縮性があるとか、肌触りがいいなどといったお声をいただいていました。2023年7月からはユニクロのオンラインストア内に、そういった商品をまとめて、さらにプロの目から見たコメントを加え、『脱ぎ着しやすく、心地

いい。医療・看護・介護のプロが選んだ、役立つ工夫満載アイテム特集』としてご紹介する特設ページも作りました」(内田氏)

女性管理職比率は20%から43.7%へ

　女性活躍推進においては、2014年に女性管理職比率の目標を掲げ、2020年までに30%、2030年までに50%にすると発表した。この目標は前倒しで達成しており、グローバルでの女性管理職比率は、2022年度時点で43.7%に達している。

　「2014年当時の女性管理職の比率はまだ20%弱でした。日本企業の中では決して低い方ではありませんが、店舗を含めると私たちの従業員の7割が女性、お客様の半分が女性であることを考えると、女性管理職比率20%弱というのはあまりにも低すぎると判断しました。会社としてきちんと向き合っていくべき課題であると捉え、事業目標と同様に女性管理職比率の目標値を発表したのです」(内田氏)

制度の利用を促進するための情報共有

　以来、女性がキャリアを築きやすい環境を整備するため、様々な支援策を設けている。

　たとえば、ベビーシッター補助制度は、2024年4月現在、日本のファーストリテイリンググループ本部従業員とユニクロ、ジーユーの店舗従業員が利用できる。また、ユニクロ、ジーユーの店舗従業員向けには、繁忙日の託児支援制度、延長保育支援制度も導入しており、性別を問わず利用可能だ。

　また、産休・育休を取得した従業員が安心して復帰できるよう、育休復帰者説明会では育児に関する人事制度を紹介するの

女性管理職によるトークセッションの様子

と同時に、育休取得の経験者を招き、質疑応答も行っている。

「ベビーシッター補助制度もあるのですが、ベビーシッターの活用自体をためらう人もまだ多いので、制度がどのように使われているのかという情報共有も積極的にしています。たとえば、ある人は残業する日を月に何回と決めて、その残業の日にベビーシッターにお願いをしているとか、朝の保育園の送りだけお願いしている人もいるなど、具体的な事例をかなり細かく共有しています」（内田氏）

男性にも女性にもあるアンコンシャスバイアス（無意識の偏見）

女性活躍を推進するためには、制度面のサポートだけでなく、意識面ではアンコンシャスバイアス（無意識の偏見）を取り除くことが課題だという。

「たとえば、女性は育児や家事をする、男性は一家の大黒柱として外で働いて稼ぐ、といった思い込みは、男性だけでなく女性にも根強く残っています。男性上司の意識改革も必要ですが、当の女性側にも、リーダーシップポジションに就いて責任範疇が広がることに不安を覚えたり、前向きに考えられないことも多いのです」(内田氏)

そのため、ここ1、2年で特に力を入れているのは、女性管理職のロールモデル紹介だ。

「実際の女性管理職は、子育てや介護をしながら働いている人もいますし、そのコミュニケーションスタイルも多様です。この会社の中で、自分らしいスタイルでリーダーシップを発揮してキャリアアップしていけるんだということを、実例を挙げて見せていくということです。実際、『初めて、こんな風になりたいと思うロールモデルに会いました』といったフィードバックもありました」(内田氏)

性的多様性を尊重した「エアリズムインナー」のTVCM

2021年にユニクロが発表した「エアリズムインナー」のTVCMは、見ている人をハッとさせた。

それは一緒に暮らす女性2人の、日常の幸せな風景を映し出した映像だった。2人が花屋を訪れると、店員が、「もしかして記念日ですか？」と尋ねてふさわしい花を選んでくれ、「2人がしたいことは、みんなが普段着でしていること。ただそれだけなのだ」というナレーションが入る。そして最後のシーンでは、2人の女性が手をつないでいるシーンに「風通しのいい世界へ。」というテロップが重なって終わる。

同性カップルの姿を、ことさらに目立たせて主張するのでも

なく、とても自然でリアルに描かれた映像で、そうとは気づかなかった人も多いのではないかと思う。しかし、マイノリティの当事者たちにとって、ユニクロといういまや国民的ブランドとなった企業がマスメディアでこのようなCMを流すということ自体、性的多様性を尊重するという心強いメッセージに感じたのではないだろうか。

同性パートナー向けにパートナーシップ登録制度を導入

性的指向や性自認における多様性を尊重するのは、広告として多くの人にリーチするためだけではない。社内でも、あらゆる従業員が安心して快適に働けるよう環境が整えられつつある。

ファーストリテイリングは2019年「パートナーシップ登録制度」を導入した。同性パートナーがいる場合、パートナーシップ登録を行うことで、慶弔休暇や慶弔見舞金などの婚姻に関する福利厚生を受けることが可能となった。

また、2018年には従業員有志からなるLGBTQ＋ネットワーク組織「Symphony」が結成された。2021年からは全従業員に対し、LGBTQ＋に関する基礎知識やコミュニケーション上考慮すべき点をマンガでわかりやすく説明した「Symphony通信」を発信している。

「店舗の接客では、LGBTQ＋のお客様や従業員とのコミュニケーションにおいて、どういう点に配慮すべきか、という研修も行っています。もともと、すべてのお客様に対して、お困りごとやご不満があるのであれば、全力でそれを解決したいという考え方が店舗にもあります。そういう意味では、性的多様性だけでなく、あらゆるマイノリティの方を受け入れやすい土壌はあったのかもしれません」(内田氏)

ダイバーシティの基本は、声を聴くこと

2023年3月、ファーストリテイリングは、企業のダイバーシティ&インクルージョン（以下：D&I）推進の取り組みを評価する「D&Iアワード2022」において、ダイバーシティスコア96点（100点満点）を獲得し、最高評価の「ベストワークプレイス」に認定された。

D&Iの取り組みを100項目にわたる独自の評価指標「ダイバーシティスコア」で採点し、スコアに応じて認定が授与されるもので、80点以上のスコアを獲得した企業が「ベストワークプレイス」として認定を受ける。「ベストワークプレイス2022」は128社（グループ連盟含めて313社）が認定を受けているが、初めての参加で95点以上を獲得する企業はごく限られている。

「決して目新しいことをしたわけではありませんが、これまで私たちが取り組んできた領域が、D&Iアワードの100の項目を網羅的にカバーしていたということだと思います。ただ、私たちが最も大切にしているのは、常に当事者の声をしっかりと聴くということ。マイノリティの従業員には個別の面談を徹底して、どういったところで困っているのか生の声を聴いていますし、そもそもマイノリティのお客様の声は拾いにくいので、外部の当事者団体と連携して、お客様が我々に対してどういうことを感じられているのかを聞いています。それらの声の一つひとつを解決してきた、その結果が96点というスコアにつながったと思っています」（内田氏）

D&Iアワード 2022ベストワークプレイス認定バナー

グローバル企業ならではの難しさ

一方で、現在世界20以上の国や地域に進出しているグローバル企業だからこその難しさも経験している。

たとえば、日本で作った、LGBTQ+の基礎知識や店舗でのお客様対応および従業員間のコミュニケーションで配慮すべき点をまとめた「ダイバーシティガイド」を海外に適用しようとしても、すでに同性婚が合法化しているような国では、ハラスメントやコミュニケーションに対する尺度も違う。会社で取り組んでいることも、すべての国や地域で同じように足並みを揃えて推進できるわけでもない。

「ダイバーシティの課題は、現地の歴史、文化、慣習、宗教、法制度などと非常に密接に絡んでいて、国ごとにかなり状況が違います。ですから、会社としてこれをやってくださいと言えばできるというものではありません。その国や地域の課題が何

ユニクロ店舗の朝礼の様子

なのかということを、理解するところから始めないといけないので、そういった面では、まだまだというところです。今後力を入れていかなければ、と思っています」（内田氏）

「社長の柳井からは、ダイバーシティ推進チームに対して、会社の成長をドライブしていく多様なビジネスリーダーを多く生み出していってほしいということを強く求められています。最終的には、そういったビジネスリーダーによってイノベーションを生み出し、様々なお客様のニーズに応えていくことが目標です」（内田氏）

　企業がD&Iに取り組む一番の目的は、グローバルで優秀な人材を確保し、働き続けてもらうためだ。人材獲得競争がますます激化する中、多様性を尊重する文化があり、実際に多様な人材が生き生きと活躍している会社でなければ、競争力はない。取り組みの一つひとつは地道で小さなことで、目の前の売上とは直結しないように見えても、近い将来には企業の底力として大きな差となって表れるのかもしれない。

Chapter 02

キャシー松井氏が語るユニクロの
ビジネス拡大のカギはD&I

キャシー松井氏とファーストリテイリング

　キャシー松井氏といえば、ゴールドマン・サックス証券会社
の元日本副会長であり、1999年に「女性」と「経済」と組み合わ
せた造語で「ウーマノミクス」という考えを提唱したことで有名
だ。「日本経済が停滞から抜け出すためには、人口の約半数を
占める女性の労働力を活用するのが最善の解決策である」とい
う松井氏の提言は、その後、安倍政権が成長戦略の一環として

ファーストリテイリング　社外取締役・キャシー松井氏

女性活躍を推進する方針を打ち出すなど、政財界にも影響した。

2020年末に松井氏がゴールドマン・サックスを退職すると、様々な企業、団体からオファーが殺到した。だが、当時の松井氏はベンチャーキャピタルファンドを立ち上げることに忙しく、ほとんどのオファーを断っていたという。その中で、2021年11月、ファーストリテイリングの社外取締役に就任したのはどういう理由だったのだろうか。

「当時、いただいたオファーをもし引き受けるとしたら、私が持っている知識や経験を活かすことができ、かつ、私も学べるような企業で、しかも自分とフィット感のいいところ、と考えていました。ファーストリテイリングは、日本企業であるにもかかわらず、ユニクロブランドが海外でも浸透しており、自分自身もファンでした。アパレルという領域で、彼らが本当にグローバルで圧倒的なトップブランドになるために、自分が貢献できることがあるのではないかと思い、ジョインしたのです」（松井氏）

ESGの視点から企業に提言

松井氏の知見が活かせる点とは、言うまでもなく、30年以上にわたる経験から、株主や投資家の目線から日本の株式市場全般、日本経済全般、あるいは個々の企業を分析できるということ。また日本のコーポレートガバナンスの問題点、グローバルスタンダードになるためには何が必要なのかを学んできている、ということ。そして、もう一つが、コーポレートガバナンスを含め、ESGという評価軸から企業に提言ができることだ。

ESGとは、環境（Environment）、社会（Social）、ガバナンス（Governance）の頭文字を取って作られた言葉で、企業が長期的成長

を目指すうえで重視すべき観点とされる。近年、気候変動問題や人権問題などの世界的な社会課題が注目される中で、ESGへの配慮ができていない企業は、投資家などから企業価値毀損のリスクがあると見なされるようになってきている。

「以前は、企業を評価する軸や尺度は財務指標が中心でしたが、それは外見的なことに過ぎません。やはり人間と一緒で、外見だけでは本当にその会社の中身までわからないので、ESGという非財務指標が重視されるようになってきました。その会社のカルチャーや、従業員への対応、D&I、環境に与えているインパクトなど、数字では測りにくい指標です。そういったESGの観点から、今後さらにファーストリテイリングがグローバルでリーディングカンパニーになるために何が必要なのか、ということを提言しています」(松井氏)

逆に松井氏が、ファーストリテイリングから学べることとはどういったことなのだろうか。

「日本では、時価総額10兆円以上の会社はまだ少ないです。9月5日の時点では8社ですが、米国の場合は114社もあります。その中で、ファーストリテイリングの時価総額は10兆円以上です。もちろんここまでくるのは簡単なことではなかったはずで、山口県の小さな会社が、苦労しながら成長してきたのです。そんな企業から、私も色々なヒントをもらえるのではないかと考えています。私たちはいま日本と海外のスタートアップ企業に投資していますので、私が学べば、スタートアップの若い創業者たちにもシェアすることができます」(松井氏)

外部の声を取り入れる健全なガバナンス

松井氏がファーストリテイリングの社外取締役に就任して、

キャシー松井氏

2年近く経つ。創業者一族が大株主であり、柳井正社長という
カリスマ性の高い創業者がいまだ現役で全体の指揮を執ってい
る構造の中で、外部からの声はフェアに機能しているのだろう
か。

　「驚いたのは、我々社外取締役に対する期待値が非常に高い
ことです。取締役会では全員が発言しますし、発言がないと、
指名で発言を求められます。もちろん、必ずしも皆が柳井社長
に賛同するわけではなく、違う意見が出ることもあります。そ
れらの意見をすべて出して、皆でプラスマイナスを議論したう
えで、最終的にこういう方向性にいきましょう、と決定してい
くプロセスが徹底しているのです。それはある意味、ポジティ
ブなサプライズでした。
　完璧なガバナンスを持っている会社というのはないかもしれ

ませんが、健全なガバナンスは重要です。少なくともファース
トリテイリングには健全的なガバナンスがあります。取締役
10人のうち過半数の6人が社外取締役だというバランスも、健
全なガバナンスに必要なことで、何のために社外取締役が存在
しているのかということを、よく理解している会社だと思いま
す」(松井氏)

　そして、なにより松井氏の存在そのものが、ファーストリテ
イリングの取締役会にとってのダイバーシティ(多様性)だと言
える。
　それまで、ファーストリテイリングの取締役会は100%日本
人男性だった。そこに、人種としては日本人でありながら、育
った環境はアメリカという、日系アメリカ人女性である松井氏
が加わった。外部のパースペクティブ(様々な立場からの視点や考
え方)を取り入れるのに、これ以上ない人選だったのではない
だろうか。

D&Iのゴールは、優秀な人材に選ばれる企業になること

　ファーストリテイリングではダイバーシティの部署が社長室
の直轄となっている。このことは非常に大きな意味がある、と
松井氏は言う。D&Iを事業のコアに位置付けているというこ
とが、目に見えるわけだ。
　「企業がD&Iの活動に取り組む一番の目的は、最も優れた人
材に選ばれる企業となることです。英語ではEmployer of choi
ce(選ばれる雇用主)という言い方があります。優秀な人材は必ず
しも名門大学を出ているとか、社会的な地位があるということ
ではありません。様々なバックグラウンドの人たちが働きやす

く、個々の人のポテンシャルを活かせるような組織でないといけないのです。特に小売業にとって、最大の資源は人材です。一番優秀な人材にこの組織に来てもらい、長く働いてもらって、ビジネスを拡大し続けるということが、D&Iのゴールだと思います」(松井氏)

　企業によっては、余力があればD&Iにも取り組みたいが、いまはその余裕がないというところもある。事業の調子がいいときはやるが、調子が悪くなったら優先順位が下がるというわけだ。しかし、松井氏はそれは逆だと指摘する。

　「D&Iは、Nice to have(あった方がいい)というものではなく、これからのビジネスに不可欠なことなのです。あらゆる経営者は、もっと早くそこに気づかないといけないと思います。D&Iに取り組むことによって、よりイノベーティブな商品やマーケティング戦略ができる、イノベーションからさらなるビジネスを生むという、経済合理性から必要なことです」(松井氏)

企業のトップの多くは、自分がマイノリティになった経験がない

　D&Iを推進していくには、組織のトップの意識改革が重要だが、実は日本企業のトップの意識を変えることはとても難しいのだという。

　「日本企業の中で日本人だけでビジネスをやってきてトップに立った、という人は、自分がマイノリティである経験をしたことがないということが多いのです。ですから、マイノリティの人たちがその職場で毎日どういうふうに感じているのかを理解してもらうためのトレーニングが必要です。たとえば部下にLGBTQ+の方がいる場合、どういった配慮が必要なのか、少しの理解があるだけで、関係はずっとよくなります」(松井氏)

そしてトップの意識が変わったら、次にやるべきことは社内への浸透だ。

　「どの企業も、組織の全員が腹に落ちて納得するのは簡単なことではありません。やはり、トップのコミットメントとして、何百回、何千回、これがなぜ大事なのかということを言わないといけません。もう一つは、D&Iがポジティブなことにつながるという具体例の共有です。多様な人々をインボルブしたプロジェクトが成果を出している成功例を共有していくことも効果的です」（松井氏）

D&Iはコストではなく、未来への投資

　「D&I活動をやって、資金を使うと、すぐにリターンを求める人がいますが、D&Iは今日明日や来年すぐに結果が出るものではありません。未来のための長期投資と考えて取り組まな

「D&Iは未来のための長期投資」と語る松井氏

いと、結果も出ません」(松井氏)

　同時に評価制度を変革することも重要だという。

　「私の経験では、人間の行動を変えるためには、評価の尺度に組み込むことがスピードアップに有効なテクニックです。人事評価は在籍年数などの時間軸ではなく、その人の成果、アウトプット、パフォーマンスにフォーカスするべきです。属性で人を評価しない文化は、採用時にも関わってきます。たとえば顔写真付きとか、名前で男女の区別がつく、外国人だとわかるといったことをなくし、属性によるアンフェアな評価が起こらないようにしないといけません」(松井氏)

ニューヨークに本部組織を設置、
ビジネス拡大を大幅にスピードアップ

　ファーストリテイリングは、2022年9月より、東京本部に加え、ニューヨークにも本部を設置した。

　ニューヨークには以前からオフィス機能はあったものの、このニューヨーク本部は、現在世界戦略の指揮を執る東京本部と同じく GHQ(グローバルヘッドクオーター)としての機能を強化した。ニューヨーク本部に置くのは商品開発、マーチャンダイジング、マーケティングなど、商品づくりの機能はもちろん、ITやグローバル物流ネットワークなど、最先端の米国のテクノロジーを備えていくのが狙いだ。

　それまでは、GHQの機能は東京に一極集中しており、すべての事業コンセプトを東京のGHQから世界各国へ波及させてきていた。これを今後は世界の主要都市に分散し、世界中から優秀な人材を集めて、その経営者同士が連携し合うことでよりスピーディにビジネスを拡大していこうとしているのだ。

この試みは、まさに松井氏の言うD&Iのゴールを目指した
ものであり、すでにその効果は表れていると言っていいだろう。

　ファーストリテイリングは2023年8月期(連結)の売上収益が
前期比20.2％増の2兆7665億円、営業利益は前年比28.2％増で3
期連続で過去最高を更新し、3810億円を達成した。さらに、
2024年には売上3兆円に達する見込みであり、そして次の10
年も3倍以上に成長し、10兆円を目指すと発表している。

ACTION
09

Tadashi Yanai

ここまで30人以上にのぼるユニクロ、ファーストリテイリングの各担当者あるいは外部パートナーに、サステナビリティの様々な取り組みを取材してきた。いまやサステナビリティ先進企業となったユニクロ、ファーストリテイリングも、2001年に社会貢献活動をスタートしてから22年の間、様々な試行錯誤を続けてきたことがわかる。最終章は、創業者である柳井正会長兼社長に話を聞いた。サステナビリティというテーマを超え、企業として、小売業として、また一個人として、これからの世界をどう生きていくべきか、という示唆に富んだメッセージである。

Chapter 01

企業のサステナビリティ
の本質とは

企業は何のためにあるのか

　企業が大きくなっていくと、社会的な影響力も強くなりますが、成長の過程には、原点に返って考えないといけないタイミングがあります。その原点とは「企業は何のためにあるのか」ということです。

　企業は何のためにあるのかと考えていくと、「企業はお客様のためにある」ということに行き着きます。そして、あらゆる「お客様のため」を突き詰めると、「社会全体のためになるような企業活動をする」ということになるのではないかなと思います。

　事業を行ううえで最も大切なのは、その事業を通じて、社会を良くしていくことです。サステナビリティとか何とかというよりも、社会にとって良いことをする。そう考えると、自ずとやることが決まってくるでしょう。

　ファーストリテイリングの前身である小郡商事を父から引き継いで、自分でやっていく

ことになったとき、「この会社をどんな会社にしていけばいい
のか」と考えました。そして決めたのが、「社会に良いことをす
る」ということです。当時書いたメモはいまも手元にあり、私
の商売の原点となっています。

お客様の生活をより良いものに

お客様のためというのは、お客様に服を売るのと同時に、「そ
の服を着ることによってお客様の生活がより良いものになる」
ということだと考えています。

ただ単純に、地球環境のためだけに商品を作っても、お客様
の生活が良くなるようなものでない限り、共鳴して買ってもら
うことはできないでしょう。素材をいくら地球環境に優しいも
のに変えたとしても、値段が上がったり着心地が悪くなったり
するのであれば、作る意味がありません。「それでもサステナ

ビリティだから」と押し通しても、全体にとってプラスになる
とは思いません。

　また、再生繊維を使用した製品を扱えばサステナビリティブ
ランドと言えるかというと、それを作る過程で実はCO_2の排出
量を増やしている可能性もあります。短絡的な考えによって、
かえって社会の負荷を増すやり方になっていないか、深く考え
ながら取り組む必要があります。

事業そのもので社会に良いことをする

　会社を存続させていくための条件があるとすれば、「社会に
良いことをする」以外にはないのではないでしょうか。

　「社会に良いことをする」というと、社会貢献室のような組織
を作ることを想像するかもしれません。我々もはじめは社会貢
献室を作って、様々な活動に取り組んできました。しかし、社

会に良いことをするというのは、自分たちの事業にプラスアルファでやることではなく、事業そのもので社会に貢献しなければいけないのだと気づかされました。「社会に良いことをする」ことと自社の事業が一致していて、矛盾しないのが大事だと思います。

企業のサステナビリティの本質とは

　地球環境保護や慈善事業は、サステナビリティの側面の一つにすぎません。企業のサステナビリティの本質は、日常的なすべての事業活動を通じて、社会に良い影響を与えることにあります。

　サステナビリティがない限り、いや、それ以前に、社会にとって良いことができない限り、その企業の存在価値はないと言ってもいいのではないでしょうか。社会に貢献した企業だけが大きくなれて、かつ持続的に成長できるのだと思います。

サステナビリティには、それぞれのやり方がある

　日本では、欧米からやってきたものを形から真似をすることが多いですが、サステナビリティというのもどこか表面的になってしまっているように感じます。「サステナビリティ」や「SDGs」という言葉がヨーロッパやアメリカからやってきて、日本の企業が突然それに気がついて慌てて対応を考える、という状況になっているのかもしれません。しかし、本当のサステナビリティとは、その言葉通りの意味ではなく、「これとこれをやればサステナブルだ」ということでもないと思います。

　我々は、お客様が本当に欲しいと思う良い服を作って提供す

ることを通じて、サステナビリティを実現しようとしています。しかし、これはあくまで我々の姿であって、それぞれの企業にそれぞれの事業の姿があり、それぞれのやり方によるサステナビリティがあって当然なのではないかと思います。

「世界に出ていく」とはどういうことか

2019年1月にスウェーデンオリンピック委員会と、メインパートナー契約とオフィシャル・クロージング・パートナー契約を締結しました。そのとき、スウェーデンオリンピック委員会の方から最初に聞かれたのは「あなたの会社の規模はどのくらいですか」とか「収益はどうですか」ということではありませんでした。そこではまず、「あなたの会社は、サステナビリティ活動としてどのようなことをやっていますか」と聞かれたのです。

この経験は、我々に大きな影響を与えました。「世界に出ていくというのは、そういうことなのか」とあらためて気づかされました。「地球環境も含めて、サステナビリティを重視している企業しか世界に出ていけないのだ」と改めて認識し、さらに一人ひとりの社員がそのような心がけに変わらないといけないのだと気づいたのです。

世界で最も必要とされる会社になる

我々は、戦略とか戦術とか、そういうことをあまり考えていません。自分たちが一番大事にしているのは、「使命感」や「志」といったことです。

実現できるかどうかわかりませんが、我々は、世界最高で最大の製造小売業、世界で最も必要とされる会社になりたいと思

っています。世界最高の小売業とは、「お客様が欲しいものが いつもある」ということです。それが完璧な形で実現できてい る会社は、世界にまだありません。

　我々はそれを実現する世界で初めての会社になりたいと本気 で思っています。そのために、我々は「グローバルワン 全員経 営」という考え方を掲げています。

　会社を表すのは、経営者というよりも、お客様が日頃接して いる店舗や販売員の印象です。ですから、お客様と接するその 人たちに、本当に生きがいを持ってやってもらうのが大事なの です。

　私たち企業家には、事業を通じて世界をより良い方向に変え る力があります。そして事業を継続するためには、「社会全体 が永遠に繁栄できる」ということが前提になっています。世界 全体で持続可能な成長の仕組みを作るのは、企業家の責任でも あります。

シームレスな世界で
「自分だけ良くなる」ことは不可能

服が持つ意味が変わった

　日本はもちろんのこと、いま世界中で、服に対する価値観が大きく変わりつつあります。

　服の成り立ちを考えると、太古の昔、服は暑さ寒さや外敵から身を守るため、生存するために必要なものでした。その後、身分やステータスを表すものになって、それから人に会うための服みたいなものになり、やがてファッションになっていったわけです。

　しかし、いま必要とされている服は、「ファッションとしての服」や「着飾るための服」からさらに変わり、「上質な生活のための高品質な服」になってきました。

　このお客様の意識の変化をとらえて、それに合わせて我々の事業を変えたいと思い、「本当にいい服」「新しい価値を持つ服」とはどういう服なのかということについて考えてきました。そして辿り着いたのが「LifeWear」というコンセプトです。

　「LifeWear」とは、国籍や年齢、性別、職業などの人を区別しているものを超えた、あらゆる人々のための服です。それは日常生活に役立つ究極の普段着であり、アパレルの業界用語を使うなら、リアルクロージングの本当にいいものということになると思います。

「LifeWear」とは新しい産業

　ナイキやアディダスが「スポーツウェア」を作ったように、我々は「LifeWear」という産業を作ろうと考えています。

　「ファストファッション」「カジュアルウェア」「スポーツウェア」といったカテゴリー自体が、もういまの時代に合わないのではないでしょうか。いまのお客様が求めている服の要素は、そういった従来のカテゴリーではなく、「生活に密着していて本当に良い服」「新しい価値を持った服」だと気づきました。服の立ち位置を変えて考えたわけです。

　我々ができるのは、そういったいまの時代に合わせた服を提供すること、お客様の要望に応えてその服を作り変えていくこと、そして、それを売り場でのサービスをもって提供することです。服のカテゴリーだけでなく、我々の業態自体をそのような形に変えたいと考えたのです。

我々が提供する服は、10年前でも今年でも変わりません。僕が今日着ているユニクロのジャケットは7990円、パンツは3990円、シャツは2990円です。でも、そう見えないでしょう？このジャケットは3万円、パンツは1万円と言っても通用すると思います。服に対する価値観を、僕たちは変えたのではないかなと思います。

小売業の役割は、お客様の生活に合わせて変化していくこと

　小売業には、お客様の生活、そしてその生活が変化する方向に合わせて、商品を供給する役割があります。お客様がサステナビリティに向かうのであれば、事業そのものも同じ方向に向かっていかないといけないのではないでしょうか。

　これまで小売業は、どういう店を作るかとか、経営の効率ばかりを優先してきた結果、売っている商品はどこでも同じという状況に陥っているように思います。これからは少子高齢化で消費が減っていきます。インフレで報酬が上がらないまま消費が減っていくとしたら、その中で少々シェアを上げても根本的な解決になりません。つまり、ビジネス自体を変えていかなければいけないところにきているのです。

日本のアパレルは"借り物文化"

　アパレル業界は、お客様のライフスタイルの変化を、表面的なデザインや素材などを変えて形だけで追いかけています。その時々の表面的なニーズの変化、流行に合わせているだけのブランドは、5年後、10年後に残っているかどうかわかりません。ましてや、そんなブランドを作っては潰すことを繰り返し、それでお客様のニーズに応えているような気になっているのでは、日本のアパレルには将来がありません。

　そもそも、日本のアパレルは借り物文化です。「洋服」と言う通り、服は西洋から来たものです。その借り物の価値観に則って、いまだにデザインや素材といった表面的なところだけを真似て作っている企業が多いのではないかと思います。メーカーから仕入れたり、工場でプライベートブランドを作るだけのところです。

　ユニクロもかつてはそのような方法で商品を作っていた時期がありました。しかし、ある程度の規模になると、そうしたやり方だけではいけないと気づく瞬間、転換期がくるのです。いま、ユニクロは限られた工場と、長年にわたって一緒にものづくりをしています。だからこそ、サステナブルな商品を作ることができますし、それがどんなに大変なことかも知っています。

　本当に工場や素材メーカーと一緒になってものづくりに取り組まない限り、これからの世の中に求められているような、サステナビリティに配慮した商品を作り出すことはできません。

日本企業としてのサステナビリティ

　アパレル業界では、特に欧米の大手アパレルブランドが中心

となって価値観の潮流を作っているようなところがありますが、はたして欧米企業の提唱しているサステナビリティは本当に良いのでしょうか。必ずしも海外からの情報が優れているわけではないので、違う場合は「それは違う」と言わないといけないですし、鵜呑みにしてはいけません。

　欧米の価値観で、欧米流のサステナビリティを我々日本の企業がやろうとしても、先ほど言ったようなアパレルの借り物文化のように、表面的で形式的になってしまいます。もともと日本の企業も、社会にとって良いことをしようとして商売をやってきたはずです。

　ただ、現在は欧米の企業の方が、そういうことをよく考えているのは確かです。なぜ日本の企業は、社会に良いことやサステナビリティを考えなくなってしまったのでしょうか。それは、あまりにも長い間、日本人だけで商売をやってきたからではないかと思います。お互いに暗黙の了解で商売をやってきた間に、

社会の中での自分たちの存在に向き合って来なかったからではないかと思います。

世界はシームレスにつながっている

　近年のパンデミックや世界の紛争、戦争を通して、我々が思っている以上に世界がシームレスにつながっているということが露わになりました。グローバル化、デジタル化が進み、個人の生活も、企業の経営も、世界中のどこにいても、全部つながっています。そのような世界においては、もはや「自分だけが良くなる」ということは不可能なのです。

　このような時代に、最も良くないのは、自分のことだけ、自社のことだけ、自国のことだけ、といった一方的な利益しか考えないことです。単純な思考、極端な行動、自分たちと異質なものを許容しない不寛容、そうした考え方では、これからの世

界は何も解決できないのではないかと思います。国や民族の枠組みを超えて、もっと高い位置から世界を見て、社会のために商売をする視点を持てば、世界はまだまだ、様々な可能性に満ちています。

おわりに

　「企業が取り組むべきサステナビリティ活動とは何か」という問いを重ねていくと、結局、企業は何のためにあるのか、世の中に存在する意味は何か、ということにいきつく。逆に言うと、自社の存在意義を見つめ直せば、事業の継続が社会全体の持続的な成長や繁栄とともにあることに気づかされることになる。

　本書は、2023年5〜9月の間に「ダイヤモンド・チェーンストア・オンライン」で連載された28本の記事に加筆し、再構成したものである。連載の執筆中に、驚くべきニュースが飛び込んできた。ユニクロで米国事業を初めて黒字化した44歳の塚越大介氏が、2023年9月1日付で、ユニクロの代表取締役社長兼COOに就任したのだ。

　柳井正氏はユニクロの代表取締役会長兼社長から、代表取締役会長兼CEOとなった（株式会社ファーストリテイリングでは継続して代表取締役会長兼社長）。柳井氏が引き続きグループ全体の経営の舵取りを行っていくものの、塚越氏の社長就任は、ユニクロが次世代のチーム経営体制の実現に一歩近づき、まさにいま進化の最中にあることを実感する出来事であった。

　「環境負荷の最も高い産業」と言われるアパレル業界にありながら、ユニクロ、ファーストリテイリングのサステナビリティに対する取り組みは、実に多様だ。ステートメントに始まり、自社の商品開発や店舗設計はもちろん、難民支援、次世代育成、ダイバーシティ……。それは、アパレルや小売りといった既存の業種の枠にとらわれない「新しい産業＝持続可能な成長の仕組み」を目指している結果でもある。

連載中には、読者から「ユニクロがこんなことをやっていたとは知らなかった」「こういう考え方はうちの会社にはなかった」などといったフィードバックをいただくこともあった。書籍化にあたり、さらに新たな取材を加えた。この書籍が、あらゆる企業のサステナビリティ活動への取り組みの一助、またこれから社会に出ていく若い世代の人の参考になれば幸いである。

　最後となりましたが、あらためて本書の出版に力を貸してくださった皆様に感謝し、御礼を申し上げます。
　はじめに連載の機会をくださった「ダイヤモンド・チェーンストア・オンライン」の阿部幸治編集長、小野貴之副編集長。全ての取材と画像手配にご協力くださったファーストリテイリング広報部のシェルバ英子様、石原裕巳様。柳井正社長をはじめ、ご多忙の中、快くインタビューを受けてくださった皆様。プレジデント社書籍部の桂木栄一様、制作部の関結香様、デザイナーの竹内雄二様。印刷会社digの篠倉奈緒美社長。連載記事執筆中から書籍出版まで常に応援し励ましてくれた家族や友人たち。皆様、本当にありがとうございました。

　そして、本書を手に取っていただいた読者の皆様に感謝申し上げます。本書の売上の一部を、「瀬戸内オリーブ基金」と「UNHCR」に寄付いたしますことをご了承ください。

2024年春　北沢みさ

著者 **北沢みさ**(Misa Kitazawa)

MK Commerce&Communication代表。
東京都出身。早稲田大学第一文学部卒業。
メーカー、テレビ局などを経て1999年ファースト
リテイリングに入社。ユニクロの初代PRマネー
ジャーとしてブランディングとPRを担当。2018年
に独立後は、マーケティングおよびECのコンサ
ルタントとして、小売・アパレル業界を中心に複
数企業を支援中。

社会に良いことをする

ユニクロ柳井正に学ぶサステナビリティ

2024年6月18日　第1刷発行

著　者	北沢みさ
発行者	鈴木勝彦
発行所	株式会社プレジデント社

〒102-8641　東京都千代田区平河町 2-16-1
平河町森タワー 13階
https://www.president.co.jp/
https://presidentstore.jp/
電話：編集（03）3237-3732
　　　販売（03）3237-3731

装　丁	竹内雄二
編　集	桂木栄一
制　作	関結香
販　売	高橋徹　川井田美景　森田巌
	末吉秀樹　庄司俊昭　大井重儀
印刷・製本	株式会社ディグ